U0609700

探秘

银圆

林旭华 著

陕西新华出版传媒集团

三秦出版社

图书在版编目（ＣＩＰ）数据

银圆探秘 / 林旭华 著 . —西安：三秦出版社，2021.11
ISBN 978-7-5518-2555-9

Ⅰ . ①银… Ⅱ . ①林… Ⅲ . ①银元—中国—通俗读物
Ⅳ . ① K875.62-49

中国版本图书馆 CIP 数据核字 (2021) 第 247226 号

银圆探秘

林旭华　著

出版发行	陕西新华出版传媒集团　　三秦出版社
社　　址	西安市雁塔区曲江新区登高路 1388 号
电　　话	（029）81205236
邮政编码	710061
印　　刷	天津雅泽印刷有限公司
开　　本	720mm×1000mm　　1/16
印　　张	13.75
字　　数	161 千字
版　　次	2021 年 11 月第 1 版 2022 年 2 月第 1 次印刷
印　　数	1—3000
标准书号	ISBN 978-7-5518-2555-9
定　　价	88.00 元
网　　址	http://www.sqcbs.cn

　　特别感谢瑞安市文学艺术界联合会、瑞安市作家协会对本书出版给予的大力支持和帮助！

作者简介

　　林旭华，男，1963年7月出生，浙江省瑞安市人，网名钱藏说钱，浙江大学汉语言文学专业毕业，中国收藏家协会会员、高级艺术品鉴定评估师、浙江省收藏协会会员、温州古玩商会钱币专业委员会副会长、中国散文学会会员、中国微型小说学会会员、中国西部散文学会会员、青年作家网和《文学百花苑》杂志签约作家、《青年文学家》杂志理事、瑞安市作家协会会员、知名自媒体人士等，擅长散文随笔、笔记文学、小说纪实等体裁的文学创作及古玩收藏鉴赏。

　　林旭华致力于文学创作和收藏研究，活跃于中国文坛和收藏界，其文学作品和收藏研究文章散见于《散文百家》《美术文献》《名家名作》《青年文学家》《俪人·西部散文选刊》《参花》《青少年导刊》《读书文摘》《精短小说》《文学百花苑》《清风文学》《河南经济报》《河南科技报》《凤凰资讯报·天下美篇》《瑞安日报》《温州日报》及中国作家网、中国散文学会微信公众号、中国西部散文网、青年作家网、今日头条、百家号等全国各大名刊、报纸和知名网络平台，多篇散文作品全国获奖，入选国家级出版物，并与众多名家之作一起上榜"2020年中国西部散文排行榜"榜单。林旭华荣登《俪人·西部散文选刊》封面人物，荣获"2020年度瑞安市文化精品奖"和"2020年度瑞安市各类文化人才奖"。散文《漂泊的日子》1994年8月荣获《温州日报》"四通杯·温州一家人"征文大赛二等奖；散文《冬夜，荒野上那一片动人的月光》2000年8月荣获"千禧杯全国诗歌散文大奖赛"二等奖，入选中国戏剧出版社《新千年的祝福（散文卷）》一书，并被作家出版社《作家视线文集·世纪风》所收录；散文《冬阳散章》荣获"2020·全国青年作家文学大赛"散文组一等奖，入选天津人民出版社的《岁月如歌·全国青年作家优秀作品选》一书，荣获由中国西部散文学会、《西部散文选刊》杂志社和中国西部散文网联合评选的"2020年中国西部最佳美文奖"；散文《矗立于心间的伟岸》荣获由中国西部散文学会、《西部散文选刊》杂志社和中国西部散文网联合评选的"2020年《西部散文选刊》精品奖"；小说《遇"知音"》入选《2020中国精短小说年选》。

内 容 简 介

　　《银圆探秘》一书通过对作者本人收藏的中国银圆实物真品进行系统性、深层次的梳理、研究、考证和分析，从收藏学、文化学、历史学和艺术学的角度，比较全面深入地阐述了各种珍稀类、普品类银圆产生的历史渊源（背景）、文化典故、艺术风格、收藏特征及其收藏价值等奥秘，即包括内涵文化和外延文化在内的中国银圆文化，集知识性、欣赏性、趣味性、可读性于一体，是国内首部系统化介绍中国银圆文化的创新性专著。

　　创新性是该作品最大的创作特点。它立足于大众化，摈弃了以往银圆研究晦涩难懂的"论文体"写作方式，而颇具创意地首次采用随笔的文学创作形式，融专业性和普及性于一体，以文字为证，以实物为鉴，图文并茂，内容翔实，角度新颖，论证客观，在文风上妙趣横生，文笔上生动活泼，叙述上引人入胜，既深刻充分，又通俗易懂。本书所收录的有些新发现银圆品种，至今未被传统钱谱所记载，而有些观点又突破了传统思维，既是一部银圆收藏爱好者研究鉴赏的参考书，又是一部普及性的文学类科普读物，可以说是一部非常全面的银圆百科全书，具有极高的学术价值、文化价值、历史价值、艺术价值及文学价值。

目录
CONTENTS

尾声　银圆漫谈

一枚小小的银圆，承载着厚重的历史、文化和艺术内涵，深藏着许多秘密，演绎着一个个精彩的传奇故事，展现着斑斓多姿的迷人色彩，有着深远的收藏意义……

　　随着本专著的渐渐展开，呈现在我们面前的将是中国近代货币史上一幅恢宏壮丽的银圆文化画卷，希望我们在品赏这场文化盛宴之余，能有所深思，并受到启迪和激励。

正确认知、鉴赏和投资银圆，大力弘扬和传承中华民族传统文化

银圆，即银币，由于具有较高的艺术观赏性、传统文化的传承性以及经济方面的投资价值，目前已经成为大众所喜爱的热门收藏品种。但是，银圆的收藏，现实上已经沦为一个"江湖式"的收藏领域，鱼目混珠，真假掺杂，加上一些"伪专家"的误导、谬论，初涉银圆收藏领域的人便经常上当受骗，损失惨重，悔恨交加。

如何引导人们正确认知银圆，提高人们对银圆的欣赏、鉴识和投资能力，从而有效规避银圆收藏风险，并且能够从中有所收获，大力弘扬和传承中华民族传统文化，就成为笔者近年来经常思考的问题。

笔者以为，银圆的本身，其实就深藏着许多曾经不为人知的秘密，并闪耀着神奇迷人的文化风采。如：各种各样的银圆在历史上是如何诞生的？它们演绎着怎样精彩的传奇故事？每种银圆具有什么样的文化意蕴、艺术魅力、防伪特征和收藏价值？等等。

如果能通过"探秘"的方式梳理、研究、考证和分析中国银圆所蕴藏的历史渊源、演变历程、传奇典故、深层文化、艺术风采、收藏特征及收藏价值、投资分析、收藏方法等奥秘，并把这些信息如实呈现给读者，在一定程度上提高读者对银圆的认知水平、收藏鉴赏水平及投资能力，从而大力传承和弘扬中华民族传统文化，这何尝不是一件功德无量的事情呢？

怀着这个美好的愿望，拥有了这样强大的动力，笔者对早年个人珍藏的各种珍稀类、普品类中国银圆实物真品进行了系统、全面的梳理，查找资料，走访古玩市场，请教钱币收藏界高手，并认真整理、修订笔者在一些知名媒体平台发表的各种银圆专题研究性原创文章，增加最新的创作内容等，从收藏学、文化学、历史学、艺术学和经济学的角度，通过客观务实、深入充分的研究考证及分析，耗时多年，终于完成了这部《银圆探秘》，以飨读者。

收藏是藏家专业的事业。如果纯从学术性进行讲解，这本书也许能对收藏专业研究者起些参考作用，但是对大众读者来说，可能费时间又看不懂；而如果进行纯图谱式的表达，又似乎过于简单化。既然银圆是大众喜爱的热门收藏品种，那么就应该立足于大众读者，图文并茂，内容翔实，使读者对银圆有个基本的正确认知，并提高收藏鉴赏能力及投资能力，真正接受中华民族传统文化的熏陶。所以，本书采用了随笔的形式，并做到每篇文章均配有实物图片，力求做到通俗化、生动化、直观化，让广大读者能够容易接受和理解，从而真正达到事半功倍之阅读实效。

值得指出的是，本书所收录的银圆实物，在笔者客观务实、深入充分的研究考证过程中，居然惊奇地发现其中有些银圆竟是同类研究书籍所未收录、未记载或者未论及的，甚至有的还被贬为"臆造币"。笔者认为有必要用客观的事实和务实的论证去澄清辨明，以纠正某些过时观点，引导人们正确认知银圆，并不断提高鉴赏、投资银圆的能力，更深刻、全面地感悟中华民族传统文化之魅力。

为理清银圆铸制发行的历史脉络，以方便读者查阅，本书基本按银圆铸制发行的时间顺序展开章节内容的叙述，敬请读者们注意。

在创作过程中，笔者参阅了一些传统钱币银圆研究的资料，尽量达到本书阐述的客观性、务实性和多元性之目标，以满足各类读者的需求。

本书所有银圆实物图片均为笔者原创提供。

由于笔者银圆收藏实物和学识水平有限，难免有疏漏之处，故仅作抛砖引玉之见解，敬请收藏界前辈老师及广大读者海涵指正。

林旭华

2020 年 11 月 21 日

1. 银圆是如何来的——中国银圆的历史起源及其演变

银圆，又称银币，俗称"大洋"。按照制作工艺分，中国银圆可分为打制币银圆、近代机制币银圆；按照计价单位分，可分为以"两"为计价单位的银两币银圆和以"圆"为计价单位的银圆；从收藏价值分，又可分为珍稀类品种银圆和普品类品种银圆。除银圆外，还有特殊币。

中国银圆蕴含着丰富多彩、美丽绝伦、博大精深的中华文化，是中国近代货币史上浓墨重彩的一笔，也是我国民间收藏投资最具大众化、最具发展潜力的重要板块。

中国银圆源自打制银币。18世纪末19世纪初，中国海禁渐开，随着对外贸易的日益繁盛，墨西哥、荷兰、葡萄牙、美国、日本等国家的大量银圆乘虚涌进中国市场，套取大量银锭出口，使巨额白银外流，银价暴涨，危及国计民生。为了阻截白银外流，挽救国家经济，同时也为规范西藏地区对外贸易用币，清廷于乾隆五十八年（1793）采取打制方式，首次在西藏铸造了"乾隆宝藏"银饼，后又铸造"嘉庆宝藏""道光宝藏"等，从而正式开启了官方银币浇铸打制的历史阶段，为中国银圆的诞生和发展奠定了坚实的基础。

清廷认识到，白银在赋税、进献、赏赐、大宗商业贸易、贮藏等方面确实具备了铜钱不可替代的优越性，于是开始制定七分用银、三分用钱的银两制度。顺治十四年（1657），户部上疏言"直省征纳钱粮，多系收银，现今钱多壅滞，应上下流通，请嗣后征纳钱粮，银钱兼收，以银七钱三为准，永为定例"。后来，银两就逐渐演变为银两币银圆，成为国家税收、皇室开支、海外贸易、军费支出等方面的主角并长期使用下去。但随着清代币制的改革与发展，银两制的影响力开始逐渐减弱，直至1933年实施"废两改元"制度时，银两制才最终消失。

清代中晚期，随着国际贸易的进一步扩大，外国银圆越来越多地涌入中国，造成了更大量的白银外流，使外国获利更大，在这种局面下，清廷寻求对策，决定顺应时势，自铸银圆。

光绪十年（1884），吉林机器官局引进外国小型机器和新技术铸币，制造了中国近代首套机制币银圆——光绪十年吉林机器官局监造厂平银圆系列，全套共5枚，面额分别为一钱、三钱、半两、七钱、一两。此套银圆虽然铸制后未及盛行即被废止，但宣告了中国银圆的制造正式告别了传统的浇铸和人工打制方式，开创了成功自铸机制币银圆的历史先河，开始进入机制币银圆的历史新阶段。

光绪十五年（1889），清政府批准两广总督张之洞在广东设局铸造"光绪元宝"银圆，引进更加先进的机器设备和铸币技术，先后铸造了"七三反版"、"七二反版"、流通标准版以及双龙寿字币等系列银圆，正式开始了大规模自行铸造、发行中国近代机制币银圆的历史阶段，在中国银圆发展史上写下了光辉灿烂的一笔。

其后，紧跟广东，各省纷纷效仿，一时间，全国大部分行省都开始鼓铸地方银圆。由于各省在铸制银圆时各自为政，铸法混乱，银圆成色、重量不一，且以各省名命名，流通不畅，故清廷不得不下令，除湖、广两局及南洋、直隶、吉林外，其他地方一律停铸银圆。

各地铸币权被收回后，清廷在天津设立了铸造银钱总局，独揽铸币大权及盈余。其间，又开始了银圆铸制的"圆两之争"。直至慈禧死后，清廷于宣统元年（1909）成立币制调查局，正式决定采用"银本位"，以"圆"为货币单位，并成立中央直辖的铸币局。

翌年，铸币局向各地下发钢模，令按照新制定的《币制则例》统一铸造宣统三年大清银币。此令一出，各地造币局又掀起了一场轰轰烈烈的铸制银圆运动，其发行数量之多、流通地区之广，几与铜钱媲美。

此外，在清末，还衍生了其他特殊币种，如镍币试铸样币、铜质纪念章等。

辛亥革命爆发，清代铸制银圆的历史刚刚揭开第一页，就匆匆地结束了。

1912 年开始，南京造币总厂、天津造币厂等先后铸制孙中山开国纪念币、袁世凯大胡子开国纪念币以及北洋军阀币等。

民国三年（1914），民国政府公布《国币条例》，开始试铸七分脸袁世凯头像签字版和非签字版的系列银圆，直至正式确定"袁大头"（包括民国三年、八年、九年、十年）系列银圆为"国币"，流通全国。

接着又陆续铸制了其他带纪念性质的袁世凯像系列银圆，以及张锡銮、徐世昌、黎元洪、曹锟、段祺瑞、褚玉璞、张作霖、冯国璋等军阀系列纪念币。

民国十五年（1926），广东造币厂和天津造币厂开始试铸孙中山民国十五年背嘉禾壹圆银圆。

1927年，北伐战争取得胜利，国民党政府继续试铸孙中山像的嘉禾币，并着手试铸孙中山像帆船银圆。

国民党复都南京后，政府停铸"袁头币"，改以民国元年版孙中山像开国纪念币旧模为底版，略改英文币名，俗称"孙小头"，交南京、杭州造币厂开铸。

1933年3月，国民党政府正式下令"废两改元"，实施银本位币制，由上海中央造币厂开铸"船洋"系列，至此，银两货币制度终告消亡。

在第一次国内革命战争时期，中国共产党领导的中央苏区也自行铸制发行了"红色"银圆。民国二十四年（1935），国民政府颁布新币政策，发行纸币，禁止银圆现洋流通，银圆开始退出货币流通领域，直至中华人民共和国成立后，银圆完全正式退出货币流通领域，最终完成了自己的历史使命。

2. 人们为什么喜欢收藏银圆——中国银圆的"光晕"效应

在中国银圆诞生和发展的过程中，民间开始兴起银圆收藏，从欣赏收藏、传世收藏逐渐发展到投资收藏，并且一直伴随着中国银圆的发展而发展。

从有关研究资料可以看出，中国银圆民间收藏其实经历了四次大浪潮。中国银圆第一次民间收藏浪潮出现在 20 世纪初，源自清末民初的动乱。伴随着清王朝的衰落和灭亡，从皇宫王室中流出大量古董、艺术品，在民间收藏环境中大展魅力，风行市场，而银圆作为其中一种材珍艺美的藏品，也成为币商、投资者和收藏家之间投资、炒作、交易的品种之一，开始从欣赏收藏、传世收藏中萌生出投资价值及意识，从而使银圆的民间收藏风生水起。第二次中国银圆民间收藏浪潮出现在 20 世纪 30 ～ 40 年代，是承接第一次收藏浪潮余脉而兴盛起来的，并且吸引了一大批文人雅士和富贵之人，特别是在上海、江浙一带，涌现出了一批著名的银圆收藏家及研究专家，如中国银圆大收藏家马定祥、美籍著名银圆研究专家耿爱德等，从而使上海、江浙一带成为银圆收藏中心，进一步推高了银圆收藏热潮。第三次中国银圆民间收藏浪潮出现在改革开放后的 20 世纪 80 ～ 90 年代。此时期，中国银圆民间收藏开始从"封、资、修"的境遇中解放出来，并随着文艺春天的到来和中国邮市、艺术品市场的持续走强，再一次兴起了收藏热潮，使中国银圆作为收藏品的一个重要品种，在钱币市场大行其道，成为收藏浪潮中一道亮丽的风景。第四次中国银圆民间收藏浪潮则出现在 21 世纪，而且其规模与资本效应是史无前例的。尤其从 2007 年开始，伴随股市和贵金属价格上涨，钱币市场由金币和老银圆带动了又一轮暴涨，且

成交火爆，扬升起新一轮强劲的银圆收藏投资行情。

在笔者看来，中国银圆的民间收藏之所以能够兴盛和发展，是由以下原因引起的：一是银圆艺术的观赏性。银圆材质珍贵，品种纷繁，图案漂亮，文字精美，币面设计均出自大家之手，加之制作精湛，具有非常高的艺术观赏性，让人爱不释手，特别是民国初期各地军阀铸制的带有自己肖像的纪念银圆，更是具有较高的艺术鉴赏价值。二是传统文化的传承。比如说银圆设计上的龙图案之美及其体现的文化精神。龙是中国最古老的图腾之一，也是最具有代表性的中国传统文化符号图案之一，当时广东铸币的设计者，正是从这一角度出发，牢牢地抓住了民众的心理，把"龙"作为铸币的主图加以强化，而且设计得十分精致美观。虽然后来在各省的铸币上，龙图有了千奇百怪的变化，但万变不离其宗。因为龙图案首先体现的是皇权威严，其次它也是中华传统文化的一个代表符号。三是银圆在经济上具有较大的投资价值。特别是珍稀类品种的银圆，传世日久，存量稀少，具备较大的投资价值，能够使收藏者获得可观的经济利益。

综上几点原因形成的"光晕"效应，极大地促进了中国银圆民间收藏的兴盛和发展。

3.怎样认知银圆——中国银圆的几个重要特性

中国银圆可分为珍稀类和普品类两大类。其中,珍稀类银圆由于存世的稀缺性和特殊性,故而极为珍贵,具有极高的收藏投资价值;而普品类银圆由于存世量大,故收藏投资价值相对较低。珍稀类银圆和普品类银圆对比,价差悬殊。

我们知道银圆已经成为大众所喜爱的收藏品种,那么,如何正确地认知银圆,或者说中国银圆究竟有哪些重要特性呢?细细研究,我们会发现中国银圆具有以下几个重要特性:

首先,银圆具有来源渠道的多样性。中国银圆民间收藏来源虽然多样,但大部分非常靠谱,其中不乏珍稀类品种,如果加以仔细研究甄别,可以说是中国最具潜力的银圆类馆藏真品、拍卖真品。主要有四种流传渠道:一是祖先有序传承。即祖先把自己早年珍藏的银圆真品一代接一代地传下来,银圆作为家中"传世品"或"传家宝",是"流传有序"(其实许多钱币收藏大家的银圆真品就来源于民间)的。二是基建工地出土,即在民房拆迁、改建、翻建或者大型基建工地作业时意外发现被埋藏的银圆,有罐藏的、盒藏的、散藏的,其中不乏珍稀类银圆,而且不断有新的珍稀类银圆品种被发现,从而填补了我国银圆研究的空白,这部分占中国银圆民间收藏的最大量。三是市场私人交易,即古玩市场、拍卖行、私藏等。这部分藏品有从农村收来的,有民间藏家私藏的,有家族传世的,有新出土的,当然也有许多仿伪品,可谓真假掺杂,错综复杂。四是亲朋好友馈赠。

其次,银圆具有欣赏与投资的双重性。中国银圆民间收藏具有非常明确的目的性，它是以欣赏和投资双重性为目的的。银圆是中国近代的货币文化，反映了我国近代历史、经济、金融的兴衰荣辱，具有极高的艺术观赏性和保值增值功能，因此银圆，特别是珍稀类品种的银圆，尽管经历了百年更迭，但仍然是中国民间收藏界一颗璀璨之星。

再次，银圆还具有鉴定和交易的"江湖性"。银圆既然已经成为大众所喜爱的藏品，那么，在经济利益的驱使下，就会有人在银圆上造假。可以说，在目前的古玩市场，银圆交易情况十分复杂，这就催生了古玩（银圆）鉴定行业。的确，在中国银圆民间收藏圈里，确实不乏实战派的鉴定高手，但也有个别由于自身思维或者知识的局限性，没有亲身接触实物，没有用客观务实、深入充分的鉴定方法进行鉴定，常常仅凭几张图片就主观武断地判定其真假。（有时候图片由于拍摄光线、角度、细节、上手感等方面原因造成不真实的图感，从而引起误判）这一切，让初涉收藏的人如履薄冰，战战兢兢，感觉银圆收藏江湖水浑、水深。此外，变现渠道较窄，也使银圆交易流通不畅，变现困难，瓶颈难破，这也是我国银圆民间收藏的真实现状。

综上所述，笔者认为，新时代要有新观念。中国民间其实有着一个丰富美丽的收藏宝藏，里面蕴藏着许多我们已知或未知的包含银圆在内的真正的稀世之珍，只要我们系统地学习、研究相关藏品理论，坚持客观务实、深入充分的鉴定原则，让实物说话，让研究说话，让市场说话，彻底摒弃陈旧思维理念，打破"忽悠"专家的荒谬论断，就能走出收藏鉴定的"江湖"式误区，澄清收藏混象、乱象。我们应该对我国民间文物和非物质文化遗产加强挖掘、保护和传承，有效地阻止中华文化瑰宝流失，进而继承并发扬光大中华文化、中华文明，让文物真正活起来，让中国强国文化真正屹立在世界民族之林！

展 卷

银圆解密

一 珍稀卷

卷首语

在中国银圆发展史上，银圆的品种数不胜数，而珍稀类银圆更是明星荟萃、璀璨夺目，以奇妙的设计、精巧的工艺，展现了深厚丰富的历史底蕴、文化魅力、艺术光彩，尤其是近代机制币银圆，在中国货币发展史上留下了浓墨重彩的一笔，具有极高的历史文化研究、艺术欣赏、经济投资等收藏价值。

珍稀类银圆是指铸制量、发行量和存世量特别稀少且极为珍贵的银圆，具体指官方铸制的样币、试铸币、未发行币、少量发行币、短暂流通币等，包括打制币银圆、近代机制币银圆、银两币银圆以及特殊币，是中国银圆认知、鉴赏及收藏投资的重点。

（一）打制币银圆

18世纪末至19世纪初，随着中国海外贸易的开放，大量外国银圆涌入中国市场，导致中国巨额白银外流，危及国计民生。为阻截白银外流，挽救国家经济，同时也为规范对外贸易用币，除台湾、贵州等僻远地区稍早已经自铸地方性的打制银饼外，清廷自乾隆五十八年（1793）开始，采取打制方式，官铸"乾隆宝藏"银饼，从而正式开启了官方打制银圆的历史新阶段，为中国近代机制币银圆的正式诞生和发展奠定了坚实的基础。

所谓打制币银圆，就是采用西方打制技术造币，用力锻打或者用简单的设备重力捶打模具制成的银饼，即早期银圆，是中国近代机制币银圆的雏形。由于捶打时受力不均，故银饼上往往有部分图案或者文字的细节不清，每块银饼的大小、形状、重量等亦略有不同。

银圆的打制方式，在清代的僻远地区一直延续使用，至清末时仍然存在，如贵州毕节设置的贵州黔宝局就专门打制贵州地方制钱和银饼。

1. 无纪年纪重银圆之谜——中国台湾"谨慎"军饷银饼解密

在中国台湾早期打制银饼中，如寿星银饼、如意银饼等均有图、有文、有纪年或者纪重，但唯独一款被称为"谨慎"军饷的银饼却并无纪年、纪重，而且也没有图案，仅有签字花押和文字。该银饼正面上端横书"军饷"两字，下端为签字花押，多数人认为银饼上的文字为"谨慎"；背面上端横书"足纹"两字，下端竖书"通行"两字。

台湾"谨慎"军饷银饼方头通版（作者个人珍藏）

由于该币无纪年、纪重，亦无史籍记载，其铸造时间和背景可谓众说纷纭。一说，明朝郑成功收复台湾后病逝，其长子郑经继承父业，为发军饷，于1662年在厦门开铸"谨性"银饼，郑经字谨性；一说，"谨慎"银饼是清道光年间台湾官府铸制的军饷。

那么该币的铸造时间和历史背景究竟为何呢？我们不妨从以下几方面来分析。

首先，从相关数值指标来说，据中国台湾"谨慎"军饷银饼现存实物实测，成色95%左右，直径36毫米—41毫米，重量25克—27克，大多为七二银（即仿外国银圆的库平七钱二分）。台湾省早期的银饼基本上属七二银，后期的则大多为六八银（即六钱八分）。为什么呢？一方面，台湾省银饼与外国银圆相比，实际上成色过高，含纯银量达93.5%，而最流行的墨西哥鹰洋成色是90.2%，同等重量时，台湾省银饼所含纯银量超过鹰洋，在进行对外贸易时，会有亏损；另一方面，为镇压太平天国起义，清廷调兵遣将，军费开支庞大，财政困难，这就促使台湾省政府在后期不得不铸造六八银以减少贸易亏损和财政开支，以摆脱经济困境。所以，清道光后期，六八银已成为台湾市场交易计价的基准。如道光二十三年（1843）的田赋谷物折合现银的告示中，规定毛谷一石折合银两需缴六八银二圆（即银一两三钱六分）。从台湾"谨慎"军饷银饼虽未标明重量和铸造时间，但根据实物实测大多为七二银来看，其铸制时间应该在道光二十三年之前。

其次，从中国台湾"谨慎"军饷银饼的纹饰来看，该币以签字花押为币面的主要纹饰。这种端庄严肃的签字花押，在乾隆年间的民间典当、买卖契约上已十分常见。"足纹通行"四个字出现在银饼币面上，可能是表示银饼含银成色可信，有"成色可信，予以通行"之意。其简约的纹饰与饰以相对比较精美的寿星图案的道光"寿星"银饼对比，在风格上差异很大。按照国内外金属硬币特别是贵金属硬币纹饰均是由简朴（早期）向美观（晚期）逐渐转变的原理，推测中国台湾"谨慎"军饷银饼铸造时间应该在道光寿星银饼铸造时间之前，即道光十七年至十八年（1837—1838）之前。

再次，通过对比中国台湾"谨慎"军饷银饼的边饰与西班牙银洋边饰，发现西班牙查理三世头像银圆边纹与此币仅有细微的差别，显然中国台湾"谨慎"军饷银饼是仿西班牙查理三世头像银圆制造的。经查证，西班牙查理三世头像银圆始铸于 1772 年，即乾隆三十七年。因而由此推论，中国台湾"谨慎"军饷银饼铸造时间不会在乾隆三十七年之前，也就是说，该银饼不会是郑经在厦门铸造的军饷。

综上所述，中国台湾"谨慎"军饷银饼无论是从重量还是从纹饰来考证，其铸造的时间最早不会早于乾隆三十七年，最迟也不会晚于道光十八年。

那么该币究竟在何时铸造，其历史背景又如何呢？

我们再看该币在币面上标明的"军饷"两字。既然是军饷，其铸制的背景肯定与军事行动或者事件有关。查阅《重修台湾省通志》卷一《大事记》，发现从乾隆三十七年至道光十八年间，涉及台湾的军事行动有十几件，其中以乾隆五十一年（1786）天地会林爽文起事为最大。该起事波及全台湾省，故而惊动清廷，清廷除调动全台湾省兵力外，还先后两次从其他五六个省调兵近四万进行镇压，历时十九个月，才于乾隆五十三年（1788）二月彻底平息林爽文起义。这场大规模的军事行动，所需的军饷也必定是巨额的，故清廷将银锭铸成银饼，充作军饷，并按个数发放，这样既快捷方便，又有助于激励士气。

通过上述考证，中国台湾"谨慎"军饷银饼铸造时间应该是在乾隆五十一年至五十三年（1786—1788），历史背景应为清廷镇压林爽文起事。

由于中国台湾"谨慎"军饷银饼属于手工打制，模具容易损坏，寿命不长，需要经常更换，故形成多种版别。如按"通"字的头部造型来分，可分为方头通、三角通、"T"字通等，其中还可以再细分。

中国台湾"谨慎"军饷银饼属中国早期打制银币，是台湾省历史的重要见证物，加之无纪年、纪重，且无图案，仅有签字花押，铸造独特，存世极罕，故成为中国近代银圆的名珍，具有极高的收藏价值和历史研究价值。

2. 最为独特的银圆名珍——中国台湾寿星银饼解密

在中国银圆铸制历史上，中国台湾寿星银饼是极为独特的银圆名珍。

中国台湾寿星银饼十二圆圈十六星点版（作者个人珍藏）

该币属中国早期打制银币，其最为独特之处就在于它不仅是最早的库平七钱二分银圆，也是唯一一款出现寿星图案的银圆，另外，该币还是称量银锭之后最早纪重、最早铸有美术图像的银圆，也是东亚地区最早的新式银圆，可见该币在中国货币发展史上占有极为重要的地位。

从明代中期开始，一些西方商人来到我国东南沿海地区进行贸易活动，外国银圆也随之流入我国。随着贸易的发展，外国银圆流入中国的数量相应增多，使用区域也不断扩展，尤其我国台湾省，很早就有西方机制银圆流通。19世纪初，嘉庆、道光年间，由于鸦片大量流入，白银外流，银价上扬，外国银圆身价高涨，于是，台湾省在道光十七年发布禁令，禁止使用洋银。这时候的台湾，要稳定物价，又要有足够多的可供流通的银圆，就只能自己铸造了。于是在外国银圆的影响下，台湾省出现了仿照外国银圆铸造的银圆。由于它们都是以人工土法打制而成的，制作工艺比较粗糙，形如饼状，故被称作"银饼"。

据实物资料考证，台湾省是我国较早铸造地方银饼的省份。

中国台湾寿星银饼俗称老公银，是清道光十七年至十八年，台湾省政府为镇压张温起义军，筹集军饷而铸制发行的。该币具有早期打制币的特点，币正面中部为寿星像，左右为"道光年造"和"足纹银饼"的篆文，"足纹银饼"四字旁边有"卐"字，下铸"库平柒式"；背面则为一宝鼎图案，与币正面的"卐"相映衬，取鼎盛万年之意，周围环列满文"台湾府库"。

中国台湾寿星银饼由于使用简单的机械工具及粗制铁模打制而成，因此模具寿命不长，需要经常更换，故造成了不同版别的现象。

存世的中国台湾寿星银饼，币面基本都有戳记，有的非常多，这是因为民众担心银饼有伪或者夹有铅锡，故使用錾子敲打以辨真伪；且该币由于系手工打制，工艺比较粗糙，不若西洋银圆精美，所受待遇自然较差，留存下来的往往凿痕累累，完整无损的罕见。

中国台湾寿星银饼的图案与中华文化一脉相承。银饼中的老寿星、宝鼎图案代表了中国传统文化里的福禄寿喜、财源广进等吉祥寓意。此外，闽南人习惯称老人为"老公"，台湾人称寿星银饼为"老公银"，这在语言习惯上也是一致的。

由于中国台湾寿星银饼在中国货币发展史上占有极为重要的地位，具有重大的历史意义，加之存世极罕，造型古朴可爱，且寓意吉祥，故为中国近代银圆名珍，具有极高的收藏价值和历史研究价值，而其中完整无损的十二圆圈十六星点版极为稀少，更为珍罕，收藏价值亦更高。

3. 府库军饷银饼历史溯源及其文化昭示——中国台湾如意军饷足纹银饼解密

中国台湾如意军饷足纹银饼又称府库军饷银饼，是中国台湾寿星银饼之后的又一款打制银币，为中国近代著名银圆。

中国台湾如意军饷足纹银饼（作者个人珍藏）

该币正面图案是聚宝盆和珍宝树，盆身铸一"宝"字，右有"府库"两字，左有"军饷"两字；背面图案则为两枝交叉的如意，右有"足纹"两字，左有"通行"两字，两面的边缘均环饰着回形纹（俗称不断线）花边。但该币与中国台湾寿星银饼亦有不同之处，就是该币正面特意铸有"府库军饷"。那么，为什么该币特意铸有"府库军饷"四字呢？这些图文又向我们昭示了什么？

"府库"其实是指康熙二十二年（1683），清廷统一台湾后，于次年设立的台湾府府库，即台湾府存储银钱宝物的地方。"军饷"则指朝廷用于镇压人民起义或抗击外来侵略的军事款项。

资料显示："咸丰三年，林恭之变，攻围郡治，塘报时绝，藩饷不至。而府库存元宝数十万两，滞重不易行。乃为权宜之策，召匠鼓铸，为银三种，曰寿星，曰花篮，曰剑秤。各就其形以名，重六钱八分，银面有文如其重。又有'府库'两字，所以别洋银也。是为台湾自铸银圆。""相传为台湾所铸银币，有双如意、笔宝、老土地（寿星）三种。本岛人称之为台湾纹银。二十年前以来，市面已绝迹，仅于民间偶有收藏。三币之起源，文献无证。据传咸丰三年福建有匪乱，与台湾交通绝断，无由发饷，台湾知府裕铎因用库存元宝，铸此三种银币，以发军饷。"

据考证，引文中之"花篮"银其实就是指中国台湾如意军饷足纹银饼，因为它正面的聚宝盆图案颇似花篮之形，而且币面确有"府库"两字。

中国台湾如意军饷足纹银饼是清廷于咸丰三年（1853）为镇压台湾凤山县林恭起义而由台湾府铸造的专用军饷银圆。福建人民为反抗清廷专制统治、抵抗外敌入侵，发动了闽南小刀会起义等，林恭也在凤山县起义响应。这一时期，台湾官方由于外银不足，无由发饷，于是动用库存元宝自铸银圆，以充饷银。由于库存元宝大锭太重，分割不便，行军打仗时不易携带，故只能用固定大小、重量的银饼充当军饷，适合非常时期非常之用。同时也说明，此举为有应急权力的清廷地方官府的权宜之计。

中国台湾如意军饷足纹银饼的形制和图案向我们昭示了早期中西方

银圆文化的初步融合。清晚期在台湾铸行的寿星银饼和如意银饼都是我国早期的仿制银圆。

中国银圆的文化特征之一就是它独特的图案纹饰和银两称量规则。西方流入我国沿海各省的银圆，其图案纹饰往往以人物、动物以及皇冠等图案为主，如以"双柱"为主图的西班牙本洋和以"鹰"为主图的墨西哥银圆；而计量上采用的是定量货币制，当时重量大多为库平七钱二分或六钱八分。在这种情况下，中国台湾如意军饷足纹银饼与寿星银饼一样，都是仿制外国银圆的银饼，已经接受并采用了西方银圆的某些特征：图案纹饰采用人物、象征物造型，如"寿星""如意""聚宝盆"等；而计量上亦同外国银圆一样，采用库平七钱二分或六钱八分定量货币制。但中国台湾银饼这种图饰与外国银圆相比又有很大区别，因为这些银饼仍然保留着中国的汉字、满文和"寿星""如意""聚宝盆"等中国传统吉祥物图饰。

中国台湾如意军饷足纹银饼非常著名，且有多种版别。由于该币是中国台湾重要的历史见证物，具有中西文化融合的特征，图案精美，寓意吉祥，加之存世极罕，故具有极高的收藏价值和历史文化研究价值。

4. 极为罕见且独具少数民族文化特色的银圆大珍——光绪十四年贵州官炉造黔宝银饼解密

光绪十四年贵州官炉造黔宝银饼存世极为罕见，素来被钱币收藏界视为银圆大珍品，被誉为"中国银币二十大珍"之一。

光绪十四年贵州官炉造黔宝银饼属打制银币，有着深厚的历史渊源。贵州在明朝弘治年间就开始铸造铜钱，其打制造币技术则始于清早期。清代沿袭了明代银两与制钱并行的币制，制钱官铸，民间不得私造。雍正八年（1730），清政府在贵州毕节设置贵州黔宝局（后迁至省城贵阳），专门打制贵州地方制钱和银饼。光绪十三年（1887）开始，两广总督张之洞奏请朝廷设广东钱局，准备自铸机制银圆流通。光绪十四年（1888），贵州巡抚潘蔚令贵州宝黔局官炉仿照广东，在省城贵阳铸制"黔宝"银饼。

光绪十四年贵州官炉造黔宝银饼"宝"字从"尔"版
（作者个人珍藏）

光绪十四年贵州官炉造黔宝银饼根据正面圆圈内"黔宝"中"宝"字的写法不同，可分为"宝"字从"缶"和"宝"字从"尔"两种版别。本币实物图属"宝"字从"尔"版，其正面中央珠圈内有一个小圆圈，圈内镌竖书"黔宝"二字。银饼外侧边缘处环镌另一装饰性珠圈，中央珠圈与该装饰性珠圈之间，环镌花藤图案，造型生动别致。银饼背面镌有相似的四个同心圆珠圈（圆环），其中最内侧的小珠圈内密刻有网状球形图案，顶上镌一个光芒四射的小太阳，两侧镌花朵等纹饰。圆圈外侧，两个同心珠圈之间，镌"光绪十四年贵州官炉造"十个汉字，清楚标明了铸制年份和铸制机构。

"黔宝"银饼除了光绪十四年黔宝外，还有光绪十六年黔宝。

光绪十四年贵州官炉造黔宝银饼具有浓郁的贵州区域民族特色：首先，从图案设计看，该币没有传统龙洋上的龙纹图案，而以少数民族的花枝珠圈为主题，简洁明快，别具一格；其次，从文字内容看，该币没有记重标志，而像传统银锭一样，只标明币名"黔宝"及铸制时间和铸制机构；再次，从铸制工艺看，该币使用简易设备打制而成，制作工艺比较粗糙。

因打制技术条件所限，贵州黔宝银饼铸制数量不多，并且贵州少数民族素有以白银打制首饰的习惯，销毁银饼以改制银首饰的情况较多，故现今存世的光绪十四年贵州官炉造黔宝银饼极为罕见，加之具有浓郁独特的少数民族文化特色，故为钱币收藏的银圆大珍。

（二）银两币银圆

　　由于在赋税、进献、赏赐、大宗商业贸易、贮藏等方面，白银发挥了铜钱不可替代的作用，故自唐宋以来，它就逐渐进入货币领域，到清代时，官方制定七分用银、三分用钱的银两制度。实银两指实际流通的白银，大体分为元宝、中锭、小锭、碎银四种；而称量银两的单位，主要有库平两、关平两、漕平两等。后来，银两就逐渐演变为银两币银圆，成为国家税收、皇室开支、海外贸易、军费支出等方面的主角。

　　清代使用银两币银圆，使得银两制度能够长久地实施下去，在当时深受政府和商民的拥护。至清末，银两制仍然存在，但随着清代币制改革发展，银两制的影响力开始逐渐减弱，直至 1933 年民国实施"废两改元"制度，银两制才最终消失。

1. 具有极高文化、美学和历史研究价值的银圆大珍——上海壹两银圆解密

上海壹两银圆系"中国银币二十大珍"之一，属钱币收藏界大名誉品。

上海壹两银圆实重一两无射线版（作者个人珍藏）

这枚小小的银圆浓缩了一段中国人惊世抗争的历史传奇。

1854年，上海英租界出现了一些在华英国商人的言论："美国和法国都在其殖民地发行银币并获得巨大成功，为什么我们不试铸一种英国银币呢？这样无论在政治还是在商业方面都将发挥巨大作用。"

当时，西班牙本洋和墨西哥鹰洋在中国广泛流通，该两国获利颇丰，在此情况之下，英国商人极力鼓噪怂恿，上海工部局（当时以英国为主的西方列强在上海租界设立的殖民统治机构，主要负责上海租界的治安管理和税务征收等，其行政机构权力完全独立，不受清政府制约）于1867年委托香港造币厂设计铸制并发行了币重为库平一两的银圆，即上海壹两银圆，

想以此币取代当时在中国流通的西班牙本洋和墨西哥鹰洋。

这是一款设计风格完全带有西洋文化色彩和强烈殖民主义色彩的银圆。该币正面中央为一条蟠龙，四周环镌"上海壹两"四个汉字。奇怪的是龙的头部很像西方的狮子头，完全不同于传统的中国龙造型，目露凶光，面容霸悍，觊觎欺凌之意暴露无遗。币背面中央为英国国徽图案，周围铸英文"ONE TAEL""SHANGHAI""HONG KONG""1867"等字样，意为"1867 年香港铸造上海一两"，英国国徽下端镌"982""G566"，意即含银量为 98.2%、重量为 566 格令（格令为英国重量单位，566 格令相当于 36.67 克）。

由于上海壹两银圆的整体设计体现了浓烈的西洋文化风格和强烈的殖民主义色彩，加之"两制"银圆不受商民欢迎，所以该币投放市场流通后，就立即遭到了富有爱国心的中国商界和民众各种形式的激烈抵制和反抗，惊动了整个上海租界，致使上海壹两银圆只能在小范围内少量流通而不能大量铸行，最后，除有部分散落民间外，该币很快退出了流通领域。

上海壹两银圆版别共有三种，即实重一两、直径 43 毫米，实重一两、直径 45 毫米，以及实重库平七钱二分、直径 39 毫米；亦可分为射线版和无射线版两个版别。

上海壹两银圆虽然早已成为历史陈迹，但由于其铸量稀少，流通短暂，存世极罕，加之别具一格的西洋化设计风格，特别是其中浓缩的那段中国人民抗争外来入侵者的历史传奇，从而具有了极高的文化价值和历史研究价值，成为中国钱币收藏界的银圆大珍。

2. 顺时针与逆时针排列的银圆名珍探秘——中外通宝关平银壹两银圆解密

中外通宝关平银壹两银圆属大名誉品，为"中国银币二十大珍"之一。

中外通宝关平银壹两银圆原试铸版（作者个人珍藏）

关于该币，资料显示共有两个版别，两版正面几无差别，但背面图案却有差别，主要体现在双龙图案上，一个版别的龙由尾至首是顺时针排列的，钱币收藏界有人称之为原试铸版；另一个版别则恰恰相反，人们称之为后铸版。那么，为什么中外通宝关平银壹两银圆会出现两个不同图案的版别呢？

为抵制洋银，平抑关税，清政府决定铸制用于海关贸易的银圆，并委托英国皇家造币厂代铸中外通宝关平银壹两银圆系列，计一两（直径43毫米，实重一两，即35.8—37.9克）、五钱、三钱、二钱、一钱五种先行使用，以资划一。但经批准试铸后，在外贸流通时，清廷又考虑到通用银两上税，不愿破除惯例，加之如果使用通宝，各海关关平不一，也容易造成双方争执，同时也考虑到该币由英国皇家造币厂代铸，不易控制，担心会由此损害了清朝的货币铸制发行权，所以户部以币上只有通宝，并无年号，于制不合的理由，令海关停铸销毁，此事就这样搁置了下来。该套银圆为中外通宝关平银壹两原试铸版银圆，仅有部分散落民间。由于其铸量不多，存世极罕，是为大珍。

到了 20 世纪初，为与当时大量进入中国的重约 27 克的外国银圆接轨，以利海关统一计税，于是又按库平七钱二分的规格铸造直径约 39.5 毫米、重约 27 克的银圆，并且把正面"通"字第一笔的写法做了改变，背面龙图也由顺时针排列改为逆时针排列，故此币后期银圆为中外通宝关平银壹两后铸流通币。

值得一提的是，该币背面除了双龙图案外，还出现了太极阴阳八卦图案，浓厚地体现了中国的道教文化，是我国唯一一款带有道教文化标志的银圆。

3. 一枚闪耀着传奇色彩和正义光芒的银圆大珍——大清壹两台湾军饷银圆解密

大清壹两台湾军饷银圆亮相甚少，识者不多，故对于其来龙去脉，钱币收藏界素有争议，有人说其是真币，亦有人说其是臆造币。

那么，大清壹两台湾军饷银圆在历史上究竟有没有真实存在过呢？

据史料记载，清政府统一台湾后，于康熙二十三年（1684），在台湾设置台湾府，隶属福建，并派驻了第一批文武官员。直至光绪十一年（1885），清廷正式下诏："台湾为南洋门户，关系紧要，自应因时变通，以资控制。"并决定"改福建巡抚为台湾巡抚，常川驻守"，委派刘铭传为台湾首任巡抚。

　　刘铭传到任后，采取了一系列如练兵整军、划分防区、兴办军事工业、添修军事设施等措施来加强台湾防务，而清政府亦在上海设台湾军械粮饷总局、转输局，专门向台湾输送大量军械粮饷、枪支弹药、守台军队等战略物资和人员，还多次专拨白银逾百万两作为军事防务费用。当时台湾军械粮饷总局曾专门设计铸制了台湾军饷即大清壹两台湾军饷银圆（亦可能由其他钱局代铸）输送台湾，以进一步满足台湾军事防务之军费急需，从而为抵御外敌、保护台湾岛、维护祖国统一谱写了一段正义传奇，这就是大清壹两台湾军饷银圆诞生的背景。

大清壹两台湾军饷银圆（作者个人珍藏）

　　大清壹两台湾军饷银圆设计精美，制作考究，别具一格，尤其银圆背面所折射出的"龙马精神"甚为经典。且让我们为之解密：该币上端铸一条飞腾的五爪猛龙图，象征清皇权；中部是云朵浪花图，亦象征了中国疆域之广阔；而下端则铸有一匹矫健奔跑的骏马，则象征了东南沿海人民所信仰的"妈祖"。相传宋时，福建省兴化府莆田县湄州岛有一个渔民叫林愿之。他的六女儿叫林默娘。默娘心地善良，品德贤淑，非常孝敬长辈，且热心公益。每当黑夜降临，她烧柴火为信号，为渔舟导航，深获乡民感佩。一日，林愿之出海捕鱼，不幸遇风罹难。默娘痛不欲生，于是投海寻父，死后就背负着父亲的尸体随水漂流至南竿岛。乡人感其忠贞孝德，厚葬并立庙祭祀，尊称默娘为"妈祖"。后"妈祖"被康熙帝册封为"天后"。人们为纪念她，将"妈祖"谐音词"马祖"作为列岛总名。

大清壹两台湾军饷银圆背面"龙""马"合图，又体现了中华民族的"龙马精神"。

"龙马精神"语出唐代李郢《上裴晋公》诗："四朝忧国鬓如丝，龙马精神海鹤姿。"后用来比喻健壮顽强的精神。《周易》语："天行健，君子以自强不息。地势坤，君子以厚德载物"。根据中国古代民间"龙在天，马在地"之俗语，故该币背面上龙下马，合起来就是"龙马精神"的一种典型体现。

"龙马精神"既是"天"的象征，代表着君王、父亲、刚健、明亮、热烈、高昂、升腾、饱满、昌盛、发达等含义；同时它又是"地"的象征，有着大臣、母亲、柔韧、善良、贤淑、孝敬、勤劳、包容、忠贞等喻义。"龙马精神"合体，光芒四射，方能立足天地之间。"龙马精神"实质上就是中华民族所崇尚的自强不息、奋进向上、忠贞不屈、团结合作、厚德载物等民族精神的经典概括。

大清壹两台湾军饷银圆研究考证资料甚少，钱谱未予以收录记载，故有臆造币一说。其实，通过上述查找到的相关史料和该币设计特征，都佐证了这样一个事实：该币在历史上确实是真实存在过的，不仅不是臆造币，而且由于过去战乱，存世极罕，具有极高的文化艺术价值和历史研究价值，故为钱币收藏界的银圆大珍。

（三）近代机制币银圆

清末，随着对外贸易的进一步扩大，外国银圆越来越多地涌入中国市场，使外国获利更大。为阻绝白银大量外流，清政府决定顺应时势，引进外国机器设备技术，自行铸制银圆。

于是，自光绪十年（1884）开始，吉林机器官局监造厂引入小型机器，铸制了中国第一套近代机制币银圆——光绪十年厂平银圆系列，自此，中国银圆正式进入近代机制阶段。

近代机制币银圆在珍稀类银圆品种中占最大部分，属重点珍稀类银圆品种。

1. 银圆上小圆圈的奥秘——光绪十年厂平壹两银圆解密

光绪十年厂平壹两银圆是我国第一款近代机制币银圆，由吉林机器局引入小型机器铸制，可以说是中国近代机制币银圆的开山鼻祖。该币的铸制，标志着中国银圆正式告别了传统的浇铸和人工打制方式，开创了中国成功自铸机制币银圆的先河，标志中国银圆进入机制币的历史阶段，从而成为19世纪末货币史上具有划时代意义的事件。

据说，该币的图案、文字均出自我国金石名家吴大澂之手，其设计之精妙、制作之精美、文化底蕴之深广，令人不禁细细品赏，叹为观止。

该币是我国近代机制币银圆的大名誉品，具有极高的历史研究及文化艺术审美价值，且铸量稀少，存世极罕，被誉为"中国近代机制银币十大珍"之一、"中国银币二十大珍"之一。

今人认定，光绪十年厂平壹两银圆是吉林机器局于光绪十年（1884）专为慈禧太后铸制的中国第一款祝寿纪念银圆。为什么呢？

光绪十年厂平壹两银圆（作者个人珍藏）

　　我们中国的"寿"文化同"龙"文化一样，在中国文化史上素来占有非常重要的地位，且独具特色。通过对光绪十年厂平壹两银圆的深层文化密码解读，就不难发现其"寿"文化的蛛丝马迹。首先，我们观察该银圆的正面，其中间方框内有"厂平壹两"四字，银圆背面中央方框内则是"光绪十年吉林机器官局监制"十二个字样，并在该方框左右两侧铸有两条古龙图案，其上方双龙头中间是一个圆形的"寿"字，合起来就是一幅"双龙戏珠图"，而下方双龙的尾巴巧妙地形成了一个蝙蝠图案，寓意"福"字，与上面的"寿"字相互对映，构成"福寿双全，双龙同贺"之吉祥寓意。

　　我们再看该银圆双面的边沿珠圈，其玄妙之处就在于正反币面均有整整49颗实心珠内齿，并且小珠圈之间由短线相连而成。那么为什么在币面上会有不多不少49颗小圆圈内齿呢？原来，光绪十年，慈禧太后恰为49岁（慈禧生于1835年）。中国有寿诞"过九不过十"的习俗。首先，"九"与"久"同音，有"长长久久"的吉祥寓意，是长寿的象征；而"十"与"死"发音相近，所以为人们所忌讳。其次，民间有"女不庆十"之说，女的逢"九"，生日要大过。由此可见，光绪十年厂平壹两银圆，实际上是为慈禧太后寿典而制的祝寿纪念银圆。币正反两面的49颗小珠圈，一颗代表一岁，合计49岁，再联系上述银圆正面、背面的图案，喻示慈禧"福寿永久"，其意蕴深刻，含义吉祥。此外，该币的文字笔画上有多处带有高超的防伪暗记，如"年"字的最后一横有一个铸刻得非常清晰、漂亮的小嘉结，这不就是喻示喜庆祝寿的"喜结"吗？小小一笔，竟有如此精湛的刻铸技艺，其精美绝伦的设计铸制及防伪工艺，其隐藏的文化底蕴，不禁令人拍案叫绝、惊叹连连！

光绪十年厂平壹两银圆的制作目的本是平抑物价、稳定经济。但适逢慈禧大寿，一众贪官污吏便借机献礼。而该银圆铸制时，适逢中法战争，朝廷内忧外患，慈禧也没有什么心情过大寿，策划铸制庆典银圆项目也就宣告结束，已经铸好的祝寿纪念银圆最终大部分散落民间，存世非常稀少。

由于该币不仅是中国近代机制币银圆的开山鼻祖，也是中国第一款祝寿纪念银圆，且设计奇妙、工艺精美、存世极罕，故属我国钱币收藏界银圆类的大名誉品，收藏价值极高。

2. 开启中国金融货币史新纪元的银圆系列之一——广东七三反版银圆解密

广东七三反版银圆即广东省造光绪元宝库平七钱三分反版银圆，是第一套经清政府批准仿西式自行铸制并发行的近代机制币银圆系列之一，开启了中国货币史的新纪元，在中国银圆发展史上留下了璀璨的一页。

广东七三反版银圆（作者个人珍藏）

　　清朝末年，随着对外贸易的进一步扩大，外国银圆大量涌入，以其大小划一、重量适中、便于交易等优点而被商民广泛使用，继而充斥于流通领域。这些外国银圆重量为七钱二分，含银不过八九成，实银只有六钱五分左右，在兑换中国的足色纹银时，都能兑换到八钱以上。这种不平等的银两交易，使得中国的白银大量外流，给中国的财政造成不可弥补的损失。光绪十三年（1887）正月二十日，张之洞上奏朝廷，提出在广东设立钱局，并用机器制造铜钱和银圆的设想："广东华洋交错，通省皆用外洋银钱，波及广西，至于闽、台、浙江、皖、鄂、烟台、天津所有通商口岸，以及湖南长沙、湘潭，四川打箭炉，前后藏，无不通行，以致利归外洋，漏卮无底。窃惟铸币便民，乃国家自有之权利，铜钱银钱，理无二致，皆应我行我法，方为得体。"但这一奏请被朝廷批复缓办。张之洞并没有放弃铸制银圆的计划。他一方面请驻清公使刘瑞英与喜敦造币厂接洽，订购全套造币机器设备并代办模具；另一方面，在广州东门外黄华塘买地5.47公顷，参照喜敦造币厂规模布局兴建新型造币厂，聘请爱德华·韦恩负责协助建厂及试铸事宜。光绪十四年（1888）年底，全套设备抵粤。次年二月，造币厂竣工，定名广东钱局；四月，开炉制造铜钱；八月，张之洞再次上奏朝廷，再三申明理由铸制银币，终得朝廷先由广东行用的特许。

　　广东七三反版银圆由英国著名雕刻师艾伦·韦恩设计雕刻币模。币文书法则由著名金石家吴大澂所书。其币正面"光绪元宝"中的"宝"字从"尒"，即将"珤"（读音同"宝"）写作"琜"（读音同"珍"），吴大澂将"珍""宝"合为一体，不愧是精于金石书法的大家。各方面准备就绪后，光绪十五年（1889），广东钱局经清政府批准，正式铸制发行了我国第一套仿西式近代机制币银圆系列，供市场流通。该套银圆系列为七钱三分、三钱六分五厘、一钱四分六厘、七分三厘、三分六厘五等五种面额，主币则为七钱三分。

由于广东七三反版银圆的铸制本意是抵制外洋银圆，故该银圆比市面上流通的外国银圆重一分。但未料事与愿违，在劣币驱逐良币的现实下，它因分量重反而被商民囤积、收藏或私毁，形成"亏耗重"而"流通滞"的局面。据统计，此银圆仅铸制数万枚，且大部分散落民间，最终停铸。

广东七三反版银圆虽然流通短暂，但由于是我国第一套正式自行铸制并发行的近代机制币银圆系列，且存世极罕，加之其币文出自名家之手，其币模由名师设计雕刻，精美非凡，故在钱币收藏界尤为珍罕，具有极高的收藏价值和历史研究价值。

3. 银圆名珍的版别之谜——广东七二反版银圆解密

广东七二反版银圆即广东省造光绪元宝库平七钱二分反版银圆，是中国近代机制币银圆大名誉品，一直被钱币收藏界称誉为"中国近代机制银币十大珍"之一。

广东七二反版试铸版银圆（作者个人珍藏）

广东七三反版银圆发行后，在当时劣币驱逐良币的现实情况下，在市面流通不畅，经济损耗严重，广东钱局立即将此事上奏户部，建议将银圆减重至与外洋银圆一致，以便于交易。户部经审阅回批准奏，广东钱局就于光绪十六年（1890）在广东七三反版银圆原模基础上改铸了广东七二反版银圆。

广东七二反版银圆有两个版别。一个版别是有双面星花的广东七二反版银圆试铸版；另一个版别则是单面星花版，我们不妨称之为广东七二反版银圆过渡版。为什么广东七二反版银圆除了试铸版外，还会出现一个过渡的版别呢？

究其原因，广东七三反版银圆在当时虽然流通不畅，但在自铸银圆已经正式发行且势在必行的紧急情况下，必须自铸新银圆以供流通。但广东钱局由于自身技术限制，不可能在短时间内立即铸制出新版银圆，因此必须有一个简易可行的过渡版来应急。

广东七二反版过渡版银圆（作者个人珍藏）

基于以上情况，广东钱局经清廷户部批准后，除在广东七三反版银圆原模的基础上自行略做修改并减重一分，临时改铸，继续流通外，又委托英国的伯明翰造币厂重新精心设计，试铸标准的广东七二反版银圆报请清廷审批。但清廷对该币将英文置于币面颇为不满，责令重新设计标准的广东省造光绪元宝系列银圆。至此，该套试铸样币就胎死腹中，而广东七二反版银圆过渡版在市面流通一段时间后，直至正式铸制通行的广东省造光绪元宝系列银圆标准版面世，才予以停铸，后多散落民间。

广东七二反版银圆过渡版由于是临时应急措施，所以铸量不多，而广东七二反版银圆试铸版仅铸制少量给清廷有关部门审批或者赠给官员留念（后来有部分可能因战乱散落民间），故相对来说，广东七二反版银圆试铸版比起过渡版更加稀少、更为珍罕。

4. 一枚具有悲哀传奇的银圆及其版别——广东省造双龙寿字币银圆解密

广东省造双龙寿字币银圆是中国近代机制币银圆的大名誉品，是"中国银币二十大珍"之一，其设计之精美、铸制之精湛、文化底蕴之深厚，在中国银圆发展史上是不可小觑的。

广东省造双龙寿字币银圆是为慈禧铸制的中国第二款祝寿纪念银圆。该币诞生的历史背景非常令人悲愤。光绪二十年（1894），垂帘听政的慈禧迎来了六十大寿。俗语说，"六十耳顺，七十古稀"。对于慈禧来说，六十大寿的确是一个重要的日子。她决定为自己举办一个风风光光的寿诞，专门拨银一千万两进行筹备。慈禧忙于筹备寿诞之际，适逢中日甲午战争。据说，日军进攻大连时，慈禧竟然不顾大臣们的劝谏，怒斥道："只要还有三天打不到北京，那我的寿宴就要办得风风光光！"可见慈禧对自己六十大寿之

珍视和极尽腐败糜烂之程度。那些溜须拍马的大臣乘机讨好慈禧,铸制了
祝寿纪念银圆,即广东省造双龙寿字币,准备作为贺礼敬献给慈禧。

广东省造双龙寿字币银圆阴翼纹中直径版(作者个人珍藏)

广东省造双龙寿字币银圆实重库平七钱二分版(作者个人珍藏)

据清末王无生所著《述庵秘录》记载,广东省造双龙寿字币系广东巡
抚刚毅为祝慈禧六十寿辰而铸制的祝寿银圆。据该书摘录:"刚毅由清文翻
译,历官部郎巡抚。不识汉文,好琐屑,自谓精能。巡抚广东,以甲午入
都祝嘏(慈禧六旬寿),希大用。时内地通用银,广东独制银币。刚谓总办
某道曰:'为我制银币三万,携入都。'某曰:'诺。'制成赏往,刚默然。

至都，因内侍献慈禧，且言刚毅知万寿赏号繁，特铸币以表敬意。慈禧故喜，誉币新色可喜，遂饬收。刚寻入军机，某道亦不敢索偿。"

收藏家、钱币学家张炯伯也进一步证实了广东省造双龙寿字币的制造背景。他说："惟本品因未纪年，殊难遽断，然观其图案，谐作福寿，环绕双龙，幕无英文，意含颂祝，大异常制。由此以推，成为纪念币之一种，专铸以祝慈禧太后六旬万寿者也。"

然而，中日甲午战争最终粉碎了慈禧过六十大寿的美梦，而广东省造双龙寿字币银圆虽然铸制了三万枚，但最终或回收熔化，或散落民间，存世稀少，珍罕程度由此可见一斑。

广东省造双龙寿字币银圆版别非常复杂。按图案分，可分为阴翼纹版和阳翼纹版；按直径重量分，又可分为纪念型实重库平一两的大直径版45毫米、中直径版40—43.5毫米、流通型小直径版39毫米，以及实重库平七钱二分直径为39毫米的流通型小直径版等多种版别。但无论何种版别都极为珍罕，尤以纪念型实重库平一两最为珍罕。

5. 多有戳记的银圆奥秘——湖北省造（本省）光绪元宝库平七钱二分银圆解密

湖北省造（本省）光绪元宝库平七钱二分银圆是大名誉品，是"中国银币二十大珍"之一。据史料记载，该币是张之洞奏请朝廷并经批准后，于光绪二十二年（1896）由湖北银圆局仿制广东银圆铸制发行的。这是针对清咸丰以来铜原料供给紧张，致使铜铸制钱与白银的比价动荡不稳，并急速向"钱贵银贱"趋势发展的情况而采取的一项必要的经济措施，其目的就是平抑湖北境内的钱银兑价，稳定经济，并间接抵制外地、外国所造银圆，其使用范围仅限于湖北省境内及邻近省城的州县。

与普通湖北光绪银圆不同的是，该银圆在背面龙图两侧加铸"本省"两字，以示与外省有所区别。这在中国铸币史上乃是仅此一例，殊为夺目，其币名也由此而得。但由于当时银钱比价的起伏动荡，出现了银圆一圆从可以换制钱一千二百文降至八百四十文的情况，再加之推行此币时采取的是强制性行政命令，规定商民必须以一千比一的兑换率到官方专设机构兑换成"本省"银圆，再行缴纳赋税，所以遭到了强烈抵制，而此套湖北省造（本省）银圆，也在滞碍难行的情况下被大量回收熔化，散落民间的可谓寥寥无几。故此，湖北省造（本省）光绪元宝库平七钱二分银圆存世量极为稀少，殊为珍罕。

湖北省造（本省）光绪元宝库平七钱二分银圆（作者个人珍藏）

湖北（本省）银圆真品，传世所见，多有戳记，其成因长期为藏界所困惑。现据史料推测，由于此币系应当时特殊之用而铸制的，定价比普通银圆高，故流通时，人们要谨防其为伪造品，多加验证。且官设机构收兑时，亦需专门检验，并盖以戳记，以示验讫。此法为古代银两流通中所常用，也为此币多有戳记之缘由，为当时辨别真伪之关键。

据说，20世纪40年代，上海币商平玉麟曾先后造过三版此币的伪造币。前两版因模仿程度较浅而废弃，唯有第三版，系与造币厂职员私通，在造币厂中，利用专业机械及后来正式铸制发行的湖北光绪壹圆普通废模加字改造的，几可乱真。由于旧时未见有不盖戳记的此币真品，而平氏所伪的是无戳记的，故而有无戳记为辨别湖北省造（本省）光绪元宝库平七钱二分银圆真假的重要依据之一。

6. 具有特殊收藏价值的龙银之星——大清光绪二十二年北洋机器局造壹圆银圆解密

大清光绪二十二年北洋机器局造壹圆银圆比较少见，但终因其具有特殊收藏价值而成为稀世之珍。那么该币具有什么样的特殊收藏价值呢？

大清光绪二十二年北洋机器局造壹圆银圆（作者个人珍藏）

北洋，指黄海、渤海区域，主管此区域洋务、海防等事宜的北洋通商大臣驻地在天津，由直隶总督兼任。

　　同治六年（1867），三口通商大臣崇厚等人创办了军火机器总局（后称天津机器制造局或北洋机器局），地址设在天津，分东、西两局，后于1870年由李鸿章接办。光绪十三年（1887），李鸿章从天津机器制造局内分出部分机器设备，加上从英国进口的另一部分铸币机器，成立隶属该局的宝津局，鼓铸制钱。此局后改称总理北洋机器局，简称北洋机器局。光绪二十一年（1895），清廷在中日甲午战争中战败，签订了丧权辱国的《马关条约》，朝野上下"人情汹惧，奔走骇汗"，洋务派人士公车上书，维新派势头渐盛，加之广东钱局铸制银币成功，清政府就鼓励各省仿铸西式银币流通。

　　光绪二十二年（1896）二月二十四日，时任直隶总督的王文韶经清廷批准，命北洋机器局铸制了一套主币以"圆"为单位，面额为"壹圆""伍角""贰角""壹角""半角"五等币值的银圆，并发行流通。此套银币亦系北洋机器局的初铸银圆。

　　该套银圆的特点是采用圆、角计值制面额，不同于其他省份的两、钱计重制，可惜由于发行时间很短，仅有光绪二十二年与以后铸制的二十三年、二十四年3种版别。而"大清光绪二十二年北洋机器局造"版又细分为多种。该币与"大清光绪二十三年北洋机器局造"版、"大清光绪二十四年北洋机器局造"版的银圆相比较，特别之处在于背面没有"大清"的英文字样。

　　该套银圆铸额甚少，截至光绪二十二年年底，据海关研究报告，该年所造银圆"计壹圆3000枚，伍角2500枚，贰角12500枚，壹角5000枚，半角7000枚，共值银7600圆"，且由于其成色不佳，故而遭钱庄拒收，随后部分又被迫收回重铸，因此原本产量就不多的大清光绪二十二年北洋机器局造壹圆银圆就更加稀少了。

　　大清光绪二十二年北洋机器局造壹圆银圆是我国第一套以圆计值的流

通银圆，是我国最早在币面上标示"壹圆"面额的银圆，打破了中国历代采用计重制的习惯，开启了我国以"圆"为货币单位的先河，在中国近代机制银币发展史上占有特殊地位，加之存世极罕，故具有特殊收藏价值，成为"龙银大珍"。

7. 实际上有多种版别的银圆大珍——湖南省造光绪元宝库平七钱二分银圆解密

湖南省造光绪元宝库平七钱二分银圆属大名誉品，在钱币收藏界素有"银币十大珍"之一的美誉。

据史料记载，在各省纷纷效仿广东钱局铸制银圆的背景下，光绪二十三年（1897）六月，湖南巡抚陈宝箴也向清廷奏请设局自铸银圆。获准后，湖南就自设机器制造局，并从广东钱局购得小型造币机器，开铸银圆，此后又从英国伯明翰造币厂购置了全套大型造币机器设备及币模，由伯明翰造币厂于光绪二十四年（1898）试铸了湖南省造光绪元宝库平七钱二分和库平三钱六分两种样币共十枚。其中有三枚样币存放在该厂博物馆，其余七枚样币流向中外藏家。后湖南机器制造局又对伯明翰造币厂提供的币模稍加改制，铸制了湖南省造光绪元宝库平七钱二分、库平三钱六分、库平一钱四分四厘和库平七分六厘四种面值的银圆。此后不久，由于各省币制混乱，清廷收回铸币权，交由中央造币厂统一铸币。清廷下令，湖南机器制造局停铸银圆，若确需银圆，由湖北银圆局代铸。

综上所述，可见湖南省造光绪元宝库平七钱二分银圆可能有三种版别：一是由英国伯明翰造币厂提供的样币，二是由湖南机器制造局在伯明翰造币厂提供的币模基础上稍加改制形成的自铸版，三是后期由湖北银圆局代铸的代铸版。此三种版别中有粗龙版（龙身较粗壮）和细龙版（龙身较纤细）。后由于银圆停铸，此自铸版和代铸版就有部分散落民间，存世极罕。

湖南省造光绪元宝库平七钱二分银圆粗龙版（作者个人珍藏）

湖南省造光绪元宝库平七钱二分银圆细龙版（作者个人珍藏）

据孙浩《百年银圆——中国近代机制币珍赏》（修订版）记载，该币似乎带有点传奇色彩。当时位于纽约的美国钱币学会曾在 1924 年收到一封居住在上海的罗姓人士来函，欲推销一种低廉的硬币简易摄影术，内附样本中就有湖南省造光绪元宝库平七钱二分银圆实物的照片。此信息未曾公开，外界无人知晓，直到美国钱币学者史博禄于1993年在该钱币学会搜寻档案时才发现这段往事。

湖南省造光绪元宝库平七钱二分银圆无论是自铸版还是代铸版，由于当时铸制不多，存世稀少，而且设计铸制精美，故成为我国近代银圆大珍。

8. 一枚设计独特的银圆珍品奥妙——大清光绪二十四年奉天机器局造一圆银圆解密

大清光绪二十四年奉天机器局造一圆银圆是由沈阳的奉天机器局铸制的。

晚清时期，奉天旧有的货币已不能适应当地经济发展的需求，为解决这一问题，同时进一步强化奉天的军事工业，盛京将军依克唐阿于光绪二十二年二月以奉省制钱短缺、凭帖容易伪造以致流弊无穷为由，奏请清廷设局铸制银圆。当时在洋务运动的推动下，光绪帝认识到西方列强的强大之处及清政府在中日甲午战争中失败的教训，决定采纳康有为、梁启超等人的改良思想，发愤图强，进行维新变法，而东北地区作为试点，可以先推行新政，开办工厂，以求"船坚炮利"，所以很快就批准了依克唐阿的奏请，成立盛京机器局（后改称奉天机器局）。

光绪二十二年八月二十三日，盛京机器局在奉天省城（今沈阳）大东门里一座奉军旧营房（今沈阳造币厂）动工兴建，同时通过天津的德国礼和洋行订购所需机器设备，从事银圆铸制及军火制造。

光绪二十四年（1898），奉天机器局试铸了一批少量银圆，规格有"一圆""五角""二角""一角""半角"五种，其中就有大清光绪二十四年奉天机器局造一圆银圆在市面流通。该批银圆具有生产工艺先进、成色稳定、形制统一、重量一致、便于携带和计算简便等优点，较过去长期使用的论两称的银块有很大的优越性，所以一经问世，深受商民欢迎，为商品流通提供了便利。

光绪二十六年（1900），东北爆发了义和团运动。沙俄军队以维护俄国在华权益为名，出兵镇压义和团运动并占领了奉天，奉天机器局毁于战火，所铸制和流通银圆大部分散落民间。

大清光绪二十四年奉天机器局造一圆银圆右嘴双线版（作者个人珍藏）

大清光绪二十四年奉天机器局造一圆银圆有多种版别，在设计上别具特色，符合光绪当时维新变法的思想。该币正面设计了两个珠圈和一个边齿圈，以内珠圈为中心，由内到外，铸汉字、英文、满文。币背面则设计了一条不怒自威的"坐龙"，其"S"形龙身身姿矫健，似在养精蓄锐；龙爪锐利，在云层中若隐若现；龙角坚挺，有昂扬之态；龙目鼓凸，威武霸气毕露。这一切似暗含光绪重整河山的雄心壮志。

大清光绪二十四年奉天机器局造一圆银圆，由于存世稀少、设计独特、意蕴深刻，故成为钱币收藏界极为珍罕的银币。

9. 流通短促的珍罕之币——奉天省造光绪元宝癸卯库平七钱二分银圆解密

沈阳的奉天机器局在光绪二十四年铸制少量发行的大清光绪二十四年奉天机器局造一圆银圆，深受商民欢迎，按理来说，该币在市面继续流通应该是毫无问题的。然而，光绪二十六年，沙俄军队以镇压义和团运动、维护俄国在华权益为名，占领了奉天，奉天机器局被俄军占据捣毁，而大清光绪二十四年奉天机器局造一圆银圆也就此停铸。

光绪二十八年（1902），经盛京将军增祺与俄方交涉，俄方将机器局交还奉天当局。随后，奉天当局将机器局与造币厂分开，改设奉天制造银圆总局，并对残损机器进行修复，于光绪二十九年（1903）恢复生产。

由于当时资金紧缺，周转困难，奉天制造银圆总局就于光绪二十九年铸制了奉天省造光绪元宝癸卯库平一两和奉天省造光绪元宝癸卯库平七钱二分银圆。其中，奉天省造光绪元宝癸卯库平一两银圆仅为样币，没有发行，目前发现为孤品，为中国"龙银大珍"之首；而奉天省造光绪元宝癸卯库平七钱二分银圆虽然有发行，但铸制发行量仍比较少。

1904年，日、俄发生了战争，奉天制造银圆总局再度被沙俄军队占领，而奉天省造光绪元宝癸卯库平七钱二分银圆也大部分毁于战火，就此停铸，民间仅有少量。

奉天省造光绪元宝癸卯库平七钱二分银圆仅流通了一年左右就毁于战火，时间非常短促。

奉天省造光绪元宝癸卯库平七钱二分银圆设计风格与奉天省造光绪元

宝癸卯库平一两银圆相似，铸工精湛。该币正面中央珠圈内镌汉字"光绪元宝"和满文（意为"奉宝"），珠圈外镌汉字"奉天省造"，下刻汉字"库平七钱二分"，"癸卯"两字左右分立。背面雕蟠龙图案，上环镌英文省名（意为"奉天省"），下环镌英文币值，左右则各铸一六星花。

奉天省造光绪元宝癸卯库平七钱二分银圆是一款铸制精美的银圆。该币文字端庄大气，富于气韵，背面蟠龙图案栩栩如生，龙目炯炯有神，龙须龙尾飘逸，龙鳞清晰饱满，龙爪孔武有力，有腾跃冲天之态势，极具动感，神韵十足，可谓精美非凡之作。

奉天省造光绪元宝癸卯库平七钱二分银圆"奉宝"版（作者个人珍藏）

由于奉天省造光绪元宝癸卯库平七钱二分银圆流通短促，铸量较少，且大部分又毁于战火，存世极罕，加之该币铸制极为精美，尤其该币与龙银孤品大珍之首奉天省造光绪元宝癸卯库平一两银圆为同时同厂铸制，故是中国近代机制币银圆的珍罕之币，具有极高的历史研究价值和艺术收藏价值。

10. 自铸银圆还是代铸银圆？——陕西省造光绪元宝库平七钱二分银圆解密

陕西省造光绪元宝库平七钱二分银圆是大名誉品，是"银币十大珍"之一。然而钱币收藏界对其铸制地颇有争议，加之新发现该币有多种版别，因此更是众说纷纭。

陕西省造光绪元宝库平七钱二分银圆（作者个人珍藏）

其实，银圆的铸制地与其版别是有相当关联的。关于该币的铸制地，综合起来有三种说法：一是湖北代铸说。据蒋仲川言："陕西省造币厂，虽于光绪二十四年开始筹办，终未正式成立，该省银币仅由湖北省造币厂代铸样币若干枚，是为名贵珍品。"二是委托外国代铸说。钱屿指出，光绪二十五年（1899）三月，陕西巡抚魏光焘奏请在西安自行设局铸制陕西省银圆，并委托英国伯明翰造币厂代制钢模，订购该厂机器设备。该厂雕完钢模后试铸了一部分样币，计有库平七钱二分、库平三钱六分、库平一钱四分四厘、库平七分二厘、库平三分六厘五种币值版别。该厂将钢模移交中国前，各种币值留在厂内各十套，其中三套陈列在该厂博物馆，其余存档。还有研究指出，当时订购该厂的造币设备，包括大小五种银币的冲压机、工作母机和碾片机各一台等。三是陕西自行铸制说。《中国近代货币历史资料》中说："陕西省在光绪二十五年三月，魏光焘自行设局鼓铸。"从中可以看出，陕西省造光绪元宝似乎又是陕西本省自行铸制的。

上述的三种说法各有理由，应该都有其文献历史依据。如果这些依据成立，那么就由此可以得出几个结论：一是铸制时间有先后，即先后于光绪二十四年（1898）铸制和光绪二十五年（1899）三月开铸；二是铸制方分别为湖北省造币厂代铸、委托外国代铸或者陕西自行铸制。据此我们可以分析，在1890年张之洞广东省造光绪元宝铸制成功后，各省"群起效尤，竞相设厂鼓铸"，在此背景下，陕西虽未正式设置银局，但像其他省份一样，也不可能坐等朝廷批准后才铸制。所以，可能在光绪二十四年（1898）先由湖北省银圆局少量代铸一种版别的陕西省造光绪元宝（含库平七钱二分），待有经验后再自己试铸，并因此才有"陕西省在光绪二十五年三月，魏光焘自行设局鼓铸"一说，即光绪二十五年三月，陕西巡抚魏光焘在西安设银圆局（钱屿主编的《金银货币的鉴定》与《中国近代货币历史资料》均持此说法），决定先斩后奏，自铸银圆。该币很有可能系在国内制作的银圆钢模，因为当时国内已经有技术熟练的银圆钢模雕版师和制作钢模的机器设备，由陕西银圆局自行制作银圆钢模或委托喜敦造币厂代制钢模并购机自铸，这两种情况都有可能。由于朝廷终未予批准，不能再生产，故仅有少量留存传世，并非某些收藏者所说的钢模及银币均由英国伯明翰造币厂代铸或湖北代铸。由此可见，陕西省造光绪元宝库平七钱二分银圆应该有多种版别，而且存世极罕：一是湖北代铸版，二是陕西自铸版，三是外国代铸版。

11. 样币还是流通币？——福建官局造光绪元宝库平七钱二分银圆解密

福建官局造光绪元宝库平七钱二分银圆系中国机制银币的大珍品，被钱币收藏界称誉为"银币十大珍"之一。

福建官局造光绪元宝库平七钱二分银圆浅模版（作者个人珍藏）

对于该币的来龙去脉，钱币收藏界颇有争议。因实物少见，有人便断言此币仅为样币，并未发行流通过；当然，也有人认为此币确为流通币。

那么，福建官局造光绪元宝库平七钱二分银圆究竟是样币还是流通币呢？

据史料记载，光绪年间，福建的经济并不发达，所以当时铸制些小银洋流通就可以了，并不需要大银圆，而且福建所需银圆均由广东省供应，路途遥远，往返费时，因此福建官方督令商人孙利用集资购买铸币机器，在福建设立民营造币厂，试铸小银币。不久便接到户部公文，不准商人附股搭本及自行制币。于是拟委派闽籍乡绅、浙江候补知县孙葆办理此事，在福建当地开设善后局，并由该局和盐道司筹款续铸。但由于官方经费困难，无法继续铸币，故就此停产。光绪二十四年，福建官方奏请朝廷，申明这是官督绅办，只是权宜之计。光绪二十六年，清政府特派藩司张曾、盐法道杨文鼎督办局务，并接手机器、厂房、物料等，其铸制费用均由该司、道设法筹款，铸成后发行流通。福建官方自接办后，将原民办银圆局改为福建银圆局，并规定以后所铸银圆，在币正面上端均书"福建官局造"字样。不久，福建官局造光绪元宝系列银圆就诞生了。

但当时的福建因经济不发达，用库平一钱四分四厘、七分二厘及三分六厘等小额币值银圆流通已经习惯成自然了，而这一系列的主币库平七钱二分银圆因面值大，在流通中反而不便使用。官方发现没有发行大银圆的必要后，就立即停铸福建官局造光绪元宝库平七钱二分银圆，再没有生产。

至此，终于揭开了铸制谜底：福建官局造光绪元宝库平七钱二分银圆根本不是样币，而是由官方正式发行并短暂流通的银圆。由于其不便当地人使用，很快就停铸了，所以留存至今的极为稀少。

根据目前所发现的实物证实：福建官局造光绪元宝库平七钱二分银圆分为浅模版和深模版两种版别，且两版的文字风格和图案均有一定区别，深模版工艺优于浅模版，但浅模版比深模版更为罕见。

12. 一枚罕见银圆的身世之谜——黑龙江省造光绪元宝库平七钱二分银圆解密

关于黑龙江省造光绪元宝库平七钱二分银圆，由于罕见，目前钱币收藏界颇有争议。一是"仅见黄铜样币"说，否定该银圆的存世；二是银圆存世说，但又有代铸说（湖北银圆局代铸说、吉林银圆局代铸说、国外代铸说）和自铸说（黑龙江省设银圆局自铸）等多种观点。此银圆身世之争，至今为钱币收藏界一大谜案。

那么，黑龙江省造光绪元宝库平七钱二分银圆到底出身如何呢？

让我们沿着历史和现实的线索，穿过扑朔迷离的浓厚迷雾，去揭晓深层谜底。

据史料记载，在全国各地纷纷效仿广东铸造银圆的情势下，光绪二十二年三月，黑龙江将军恩泽等以黑龙江省制钱异常缺乏为由，联名上奏朝廷，请求由湖北银圆局代铸银圆，同年四月获批后，便开始准备代铸事宜。光绪二十四年四月，恩泽又奏请"购买机器，自行鼓铸"，并派员赴上海购买铸币机器，准备在黑龙江筹建银圆局。光绪二十五年六月，恩泽等再次上奏朝廷，"请拨款设局鼓铸银圆"，但清廷则指示不要另行设局，"就近由吉林搭铸"。光绪二十五年十二月，恩泽等人又上奏朝廷请求自铸银圆，但清廷批复要求自行考察后，"再行复议"。恩泽深入考察后，又于光绪二十六年三月再次上奏朝廷提出相关理由，指出"盖非多铸不能流通，非设局不能多铸"。同年四月初，清廷终于同意黑龙江省自行设局铸制银圆。然而同年八月，俄军入侵黑龙江省，对黑龙江省银圆局筹建和铸币工作造成了破坏，所有档案资料都被毁，黑龙江省造光绪元宝银圆也就此停铸。据此可知，黑龙江省造光绪元宝库平七钱二分银圆应该是于光绪二十六年四月至八月铸制的。

黑龙江省造光绪元宝库平七钱二分银圆（作者个人珍藏）

千家驹和郭彦岗合著的《中国货币史纲要》一书考证认为黑龙江省铸制过银圆。宋志强和王立新合编的《中国古钱币库》一书"金银卷"中亦肯定黑龙江省仿照广东铸行本省银圆之事。此外，民间亦相继发现了若干黑龙江省造光绪元宝库平七钱二分银圆真品，并且已经得到了收藏市场的认可，有过高价成交记录。

综上所述，无论是代铸也好，自铸也罢，通过种种客观史料、专家考证、实物存在及市场成交记录，足以证明黑龙江省造光绪元宝库平七钱二分银圆存世说。

至于黑龙江省造光绪元宝库平七钱二分银圆到底是代铸还是自铸，我们不妨这样思考：如果黑龙江省造光绪元宝库平七钱二分银圆当时已经由其他银圆局代铸成功的话，那么黑龙江将军恩泽等就不会三番五次地上奏朝廷请求自铸了，而且朝廷最终也不会批准黑龙江设局自铸银圆。显然，由于种种已知或未知的原因，其他银圆局均没有试制或铸制成功，最终只能由黑龙江本省设局自铸。

由此，我们最终破解了黑龙江省造光绪元宝库平七钱二分银圆身世之谜：黑龙江省造光绪元宝库平七钱二分银圆是由黑龙江省自行设局铸制的，其存世是真实可信的，且其图文精美，铸制精湛，存量稀少，殊为珍罕。

13. 见证历史的银圆——江南省造光绪元宝库平七钱二分无纪年银圆解密

江南省造光绪元宝库平七钱二分无纪年银圆，由于没有标明干支纪年字样，为与后期标明干支纪年字样的"新江南"系列银圆相区别，故俗称"老江南"银圆，钱币收藏界有人称其为我国近代机制币银圆发展历史的巅峰之作。

该币设计风格独特，标新立异。其正面中央珠圈纹饰一改常态，由"S"形纹饰组成圆圈，圈内铸汉字"光绪元宝"；而"S"形圆圈外，上铸"江南省造"四字，其书法俊逸洒脱，下铸币值"库平七钱二分"六字。其币背面中央有一个圆圈，圈内铸一龙体肥大的"坐龙"。该龙虽稍显老态，但龙目凸出，龙鳞清晰，尤其呈"S"形的龙身宽大，坚挺有力，富有动感，且双须飘逸，不失威武霸气，颇富神韵。

江南省造光绪元宝库平七钱二分无纪年银圆不仅设计及制作精美非凡，还记载了一段辖地变迁之历史。

光绪二十二年，清廷鉴于广东、湖北两局铸制银圆成效良好而通令沿江沿海各省自铸银圆。南洋大臣刘坤一接户部通令，当即筹建了江南铸造银圆制钱总局，厂址选在南京城西水关内云台闸南岸。由桂崇庆勘地营建厂房，江司瑞为总办，江苏候补道刘式通负责筹办铸制机器。不久，刘式通通过上海瑞生洋行委托喜敦造币厂雕制模具，并订购全套机器设备。光绪二十三年三月，江南铸造银圆制钱总局开铸"老江南"银圆系列。其版别按银圆正面"省"字有无缺笔可分为"目省"版和"日省"版，再由边道分为直齿边版和人字边版，各版均标有"江南省造"字样。

清代的江南省始建于公元 1645 年，即顺治二年。巡抚衙门设于今江苏省南京市，清初谓之江宁府。江南省的前身即明末的南直隶，其管辖范围大致包括现在的江苏省、上海市和安徽省。据史料记载，康熙六年（1667），清政府改江南右布政使为江苏布政使司，改江南左布政使为安徽布政使司。

江南省造光绪元宝库平七钱二分无纪年银圆人字边"目省"版
（作者个人珍藏）

那么既然江南省实际上已经不存在了，为什么清廷还要在银圆上标铸"江南省造"字样呢？原来，当时因江苏省和安徽省已建有专铸机制铜圆的造币厂，且所铸造的铜圆上已分别标明省名。为了避免混淆，清廷就令江南铸造银圆制钱总局在铸造的银圆正面标明"江南省造"四字。故"江南省造"系列银圆成为我国货币史上唯一无实省名的机制币银圆。

江南省造光绪元宝库平七钱二分无纪年银圆具有独特、精美的设计风格，极具艺术欣赏的审美价值、历史研究的文物价值，故成为钱币收藏界极为珍罕的龙洋瑰宝。

14. 藏趣盎然的银圆版别——安徽省造光绪元宝银圆系列解密

在中国近代机制币银圆中，安徽省造光绪元宝银圆可谓是一套版别复杂而又有趣的银圆系列。

随着广东银圆成功铸制、发行，全国各省纷纷效仿。光绪二十三年二月，安徽巡抚邓华熙以皖省制钱不足为由，奏请购买机器办厂铸制银圆，以利市面流通。经清廷批准后，即在当地原火药厂基础上建立安徽银圆局，并于同年三月派遣候补道潘汝杰赴上海与德商签订造币机器洽购合同，直至次年二、三月，机器陆续运抵安装后，雇用技术熟练的工匠，开铸安徽省造光绪元宝银圆系列。当时，安徽银圆局规模很大，拥有技术员、工匠 500 人，置办机器 20 部，下设铸模、校准、熔银、碾片、春饼、光边、烘洗、印纹（冲压）、修理（配）等车间，管理十分严格。

安徽省造光绪元宝银圆系列铸制版别非常复杂，共计大小五种面额：七钱二分、三钱六分、一钱四分四厘、七分二厘、三分六厘。再细分，又可分为五种不同版别：无纪年安徽省造光绪元宝、二十四年安徽省造光绪元宝（分有英文和无英文两种）、戊戌安徽省造光绪元宝、二十五年安徽省造光绪元宝。有趣的是，该币同一系列内有不同的设计。一般来说，钱币设计如属同系列，多半图文一致，只是按面额的递减缩小规格而已，同年份的也极少出现两种版别。但同样是1898年生产，安徽所铸制的银圆却有"二十四年"及"戊戌"版两种纪年；另外，"二十三年"及"二十四年"版上都有英文字母，但后者又有一款无英文版的。这套银圆构思设计的巧妙及缺少一致性的特点，反而增加了收藏的乐趣，这也是藏家乐此不疲地收藏此币的原因之一。

光绪二十五年五月，清廷下谕，称"各省设局太多，分两、成色难免参差，不便民用，且徒糜经费。湖北、广东两省，铸造银圆，设局在先，各省如有需用银圆之处，均着归并该两省代为铸造应用，毋庸另筹设局，以节糜费"。圣旨难违，安徽银圆局不得不于当年六月停止了银圆铸制。安徽省造光绪元宝银圆系列自光绪二十四年三月正式铸制至光绪二十五年六月遵旨停铸，前后不超过一年半时间。

安徽省造光绪元宝银圆开铸时间短，铸制量少，存世量更少，偶然见到的品种也只有一钱四分四厘、七分二厘这两个规格，而其他品种如七钱二分、三钱六分、三分六厘等规格的，则存世更为稀少，特别是七钱二分版别的是很难碰到的，加之其版别上的巧妙设计，故引起钱币收藏界极大的收藏兴趣。

安徽省造光绪元宝库平七钱二分银圆（作者个人珍藏）

二十四年安徽省造光绪元宝库平七钱二分银圆（作者个人珍藏）

15. 来历曲折复杂的珍罕之币——二十三年浙江省造光绪元宝库平七钱二分银圆解密

在中国近代机制币银圆中，二十三年浙江省造光绪元宝库平七钱二分银圆是一款极其珍贵罕见的银圆。它是浙江省造光绪元宝银圆系列的源头，存世极罕，十分神秘。

在浙江省造光绪元宝银圆系列有关史料中，我们查找到了有关二十三年浙江省造光绪元宝库平七钱二分银圆的蛛丝马迹：该币为光绪二十三年（1897）由浙江造币厂试铸的银圆样币。

浙江造币厂其实有一段曲折复杂的历史。光绪十一年（1885），浙江巡抚刘秉章在杭州东门附近建了一座小型的现代兵工厂。光绪十三年（1887），清廷下令，令各省尽可能地设立配备机器的造币厂制造铜钱。为响应这一政令，该兵工厂的一台弹药筒生产机器被改装成造币机器，并配以币模来生产钱币。由于用这种改装机器生产一枚钱币要花费其面值三倍之多的成本，这一生产方式随后就被废弃，还是沿用传统工艺，在兵工厂附近的一间工棚里生产铜钱。

光绪二十二年十二月（1897年1月），浙江巡抚廖寿丰奏请清廷后，从德国购置机器设备及样币和模具，于光绪二十三年（1897）五月，在杭州新开设了一间生产银圆的造币厂，即浙江造币厂（亦即浙江银圆局）。

德国机器设备由上海被转运至浙江造币厂（币模未运到）后，面对陌生的机器，造币厂经历了一系列的混乱操作，按照当地官员所认为的"最佳"方式被组装起来。在此过程中，由于许多省份早已成功铸制银圆，有的已经开始正式发行，这就倒逼着造币厂加快铸币步伐。于是该厂等不及德国提供币模，就直接仿照湖北省造光绪元宝银圆刻铸币模（该币图文风格与湖北省造光绪元宝背面极为相似），试铸了一些二十三年浙江省造光绪元宝库平七钱二分银圆样币。但可能是由于匆忙上阵，雕模工艺水平不高，机器设备出故障（安装技术欠缺造成的），工人操作不熟练，所以出现了一系列失误，总之该币试铸出来后，发现背面龙图的边齿里又多了一圈珠圈，似觉不妥，而造币厂也无计可施，就只能暂时废弃此币模（该币模背面图案后来被该厂稍做修模后，为浙江省造光绪元宝魏碑版银圆所套用），坐等德国币模运到后再重新开始试铸，而那些已经铸制出来的二十三年浙江省造光绪元宝库平七钱二分银圆试铸币也有部分流入民间。

光绪二十四年（1898），德国版的铸模以及样币正式交付浙江造币厂，但由于该币正面币面上所标示的"光绪二十三年浙江省造"与实际年份不符，造币厂不得不弃用此德国版的正面币模，另外委托国内铸模工艺比较成熟的湖北银圆局设计，而湖北银圆局只是将自己的正面币模去掉"湖北"二字，加"浙江"后直接铸成样品呈浙江审核。由于"浙江"两字间距较近，造成"浙江省造"字间距比例失调，浙江造币厂审批后未予通过，要求湖北银圆局重新设计另外一种款式，即魏碑字体的银圆币模，这一版的正面文字出自书法名家陶浚宣之手。此币就是后来鼎鼎有名的银圆大珍——魏碑版浙江省造光绪元宝。

二十三年浙江省造光绪元宝库平七钱二分银圆（作者个人珍藏）

二十三年浙江省造光绪元宝库平七钱二分银圆由于是浙江省造光绪元宝银圆系列的源头，且在拍卖行和市面都比较少见，存世极罕，铸制精美，故成为中国近代机制币银圆极为珍罕的品种，可谓一币难求，具有极高的收藏价值和货币历史研究价值。

16. 具有超高艺术审美价值的银圆稀珍——浙江省造光绪元宝库平七钱二分魏碑版银圆解密

浙江省造光绪元宝库平七钱二分银圆分二十三年版、魏碑版及楷书版三个版别，均为银圆里的稀世之珍。但是，若论艺术审美价值，魏碑版的浙江省造光绪元宝库平七钱二分银圆相较于其他版别更胜一筹，具有极高的收藏价值。为什么呢？

浙江省造光绪元宝库平七钱二分魏碑版银圆方扁体（作者个人珍藏）

据史料记载，光绪二十二年，浙江巡抚廖寿丰经清廷批准后成立浙江造币厂，并从德国购置机器设备，于光绪二十五年（1899）开铸浙江省造光绪元宝库平七钱二分魏碑版银圆。铸就后即请求允许流通，但经化验，该币含银量未达标准，需打折扣流通。加之当时盛行墨西哥鹰洋，商民对此种新款龙洋信心不足，故此币在市面上不受欢迎。为此，该币大部分最终被收回熔毁，已经在流通的极少量银圆则散落民间。

在浙江省造光绪元宝库平七钱二分银圆所有版别中，魏碑版是最具艺术审美价值的，究其原因是该币正面文字出自晚清书法大家、碑派重要人物绍兴陶浚宣之手。

陶浚宣（1846—1912），原名祖望，字文冲，号心云，别号东湖居士。据陶浚宣自称，为东晋陶渊明第四十五代孙。陶浚宣工书，尤擅魏碑，笔力雄劲，气象阔大，为人所推重，其书法"上自秦汉，下迄六朝，无所不学，每临一碑，辄至数千百遍。临池之勤，自幼至晚年，不辍寒暑"，其书法"龙跳虎卧，意态横绝"（梁启超语），是与赵之谦齐名的以碑派书法闻名的晚清书法大家。他的书法作品"结体宽绰而略方扁，笔画有力而棱角分明"，具有结字平阔而宽绰，注重横向的取势，颇具古意。其早期作品具有"刀刻斧斫"的金石特点，晚期则有了些灵动性。陶浚宣书法有大字、小字之分。

观赏浙江省造光绪元宝库平七钱二分魏碑版银圆实物，陶浚宣晚年魏碑书法的"刀刻斧斫"兼灵动性的特点在此币正面的文字上表现得淋漓尽致。如"光"字的一横、"元"字的一横、"浙江"二字、"宝"字的宝盖头、"库"字的一撇、"绪"字里的"者"等笔画文字，它们的风格、神韵均与陶浚宣书法特征一致，特色鲜明，整体上给人一种"笔力雄劲，气象阔大"的艺术冲击力。

浙江省造光绪元宝库平七钱二分魏碑版银圆其实有多种版别，细分的话，可分为方扁体（字体方扁）、细条体（字体细条）和粗圆体（字体粗圆）。方扁体可能是浙江造币厂在光绪二十三年自行试铸二十三年浙江省造光绪元宝库平七钱二分银圆失败后，先是采用陶浚宣魏碑书法进行正面币模雕刻，而背面币模则套用原本要废弃的二十三年浙江省造光绪元宝库平七钱二分银圆的龙图并进行适当修模（如去掉多余的齿圈），通过这样模初配的方法组合铸制而成的。至于细条体和粗圆体，可能是由于方扁体虽然极富陶浚宣魏碑书法神韵和生动，但似乎欠缺细腻、圆润，所以在此方扁体币模基础上又自行修模、配模铸制。

浙江省造光绪元宝库平七钱二分魏碑版银圆有少量流通，但具体数量不详。王荫嘉在 20 世纪 40 年代出版的《泉币》第 20 期已指出："幼时数见不鲜，整百如新者，至今犹历历在目……伯兄试铸之说，同人咸赞同之，而不以予言为然，然予实矢之，亦不信当时试铸说也。"此说随即得到编辑郑家相"所见相同，吾道不孤矣"的回应。第 26 期有蒋保厘出示家藏檀箧装开制原品一套，上刻跋曰："光绪戊戌己亥之交，浙江设银圆局，锡之实从事焉。嗣有沮者,事逐止,识者惜之……"由此可见,该币实际上在市面上流通过,当时还有人经常看见或者收藏,但后来由于大量被浙江造币厂收回熔毁,故存世量非常稀少。

浙江省造光绪元宝库平七钱二分魏碑版银圆由于存世极罕,加之币面书法出自名家之手,风格独特(中国近代机制币银圆中魏碑书法风格的唯一版币),其超强的艺术审美价值为世人所叹服,故为"中国银币二十大珍"之一,成为银圆稀世之珍里的一匹惊艳"黑马",极具收藏价值。

浙江省造光绪元宝库平七钱二分魏碑版银圆粗圆体(作者个人珍藏)
★注:该币正面"光绪元宝"中的"绪"字有脱字现象。

17. 令人长期困惑的银圆大珍——新疆省造光绪银圆库平七钱二分银圆解密

新疆省造光绪银圆库平七钱二分银圆是"中国银币二十大珍"之一。然而由于研究考证资料缺乏,文献资料又几无记载,民间实物则更为罕见,故此币成为中国近代机制币银圆收藏中令人长期困惑的大珍:历史上究竟有没有新疆省造光绪银圆库平七钱二分银圆真实铸制问世呢?

新疆省造光绪银圆库平七钱二分银圆（作者个人珍藏）

《清末币史录》一书中记载了一条史料，光绪二十三年，德国斯图加特铸币厂来中国争取银币铸制市场。同年六月，该厂把雕制的铸币模具呈报给清廷审验，有"新疆省造光绪银圆""甘肃省造光绪银币"两套系列试雕模具。清廷审验后批复可以试铸，由户部处理。清廷的户部则将这两套试铸模具交由新疆省试铸极少量银圆。（由于甘肃省无铸钱局，故也由新疆省代铸样币。）那么还有没有其他的研究资料来佐证此事呢？

由此，我们再分析新疆省造光绪银圆库平七钱二分银圆背面的外文"SUNGAREI"。

通过查找资料，发现"SUNGAREI"源自德文"DSUNGAREI"，是德国一私人制币公司斯图加特铸币厂的德文缩写。至此，该"SUNGAREI"与上述史料相印证，揭开了新疆省造光绪银圆库平七钱二分银圆铸制历史的真相：该币确为光绪二十三年（1897）由德国斯图加特铸币厂刻制模具并交新疆试铸的银圆，试铸量非常稀少，存世极罕，加之并未流通，故成为钱币收藏界的银圆大名誉品。

18. 原制版与原模后制版银圆名珍的难解之谜——京局制造（庚子）光绪元宝库平七钱二分银圆解密

自广东设局自铸银币以来，各省纷纷效仿，造成全国币制混乱的现象，越来越不适应近代中国币制发展的需要。于是，清政府规定除广东、湖北两局外，其余各局一律停铸银圆。后因各省督抚抵制，又核准了江南、北洋和吉林三局续造。与此同时，批准庆亲王奕劻会同户部在北京试办造币厂铸制银圆，定名为"京都制造银圆局"，并于同年置办铸币机器设备，开始试铸京局制造光绪元宝系列银圆。其中京局制造（庚子）光绪元宝库平七钱二分银圆共计三种版式：光边版、原制版以及后期私铸的原模后制版。

据史料记载，京都制造银圆局的主管由爱德华·韦恩担任。造币机器设备共分两批运输。第一批铸币机器设备来自奉谕停办的浙江造币厂。浙江造币厂从德国订购的机器于1899年12月被拆运至北京，后由于估计造币机器设备不够，又于1900年3月与英国伯明翰造币厂签订合同，订购另一批铸币机器设备，并规定于1900年8月交运。而币模则委托韦恩家族中曾雕刻广东七三反版银圆模具的雕刻师艾伦·韦恩担纲设计。第一批机器运达后，京都制造银圆局经清廷批准，开始试制少量京局制造系列银圆。但不久，京都制造银圆局被战火波及，所有档案资料、造币机器设备、铸币钢模以及试铸的京局制造系列银圆亦被焚毁，其中有部分银圆散落民间或流入市面。（钱币收藏界称为原制版）从此，京局制造系列银圆就再没有铸制。

据说，京都制造银圆局被烧毁后，有人在废墟中找到数套铸币钢模，其中有几套卖给了后来担任《天津日日新闻》社长兼主编的大藏家方药雨。后方药雨又经人介绍，将所藏古钱、唐宋明银锭及京局钢模以 20 万银圆的价格转让给陈仁涛。另有几套京局钢模则为上海大币商王守谦所得，王守谦还利用原模私铸了一些银圆，流入市面。（钱币收藏界称之为原模后制版）

京局制造（庚子）光绪元宝库平七钱二分银圆（作者个人珍藏）

目前，在市面所见的京局制造（庚子）光绪元宝库平七钱二分银圆实物由于缺乏相关有力的证据，无法考证其原制版和原模后制版，故成为难解之谜。但无论是原制还是后制的京局制造（庚子）光绪元宝库平七钱二分银圆，都铸制精美、工艺精湛，且极富传奇色彩，故均属中国近代机制银币珍罕银圆。

19. "圆两之争"背景下的"大美龙洋"——光绪元宝户部库平一两银圆解密

如果说大清银币戊申吉字库平一两银圆被誉为"大吉龙洋"的话，那么我们不妨誉称光绪元宝户部库平一两银圆为"大美龙洋"。

光绪元宝户部库平一两银圆"两"字从"入"版（作者个人珍藏）
★注：该币正面"光绪元宝"中的"绪"有"脱字"现象。

光绪元宝户部库平一两银圆作为中国最大机制龙银，是晚清机制银币"圆两之争"历史背景下的产物。

自中国第一套正式自行铸制的机制币银圆在广东成功发行，各省纷纷效仿。但由于当时各省币制混乱、银币重量成色不一，影响了清廷的经济稳定。为统一币制，清政府于光绪二十五年（1899）年底在京城筹备设立银圆局，统一造币，并由军机处和户部征询各省主币龙银重量应重若干。在当时普遍主张银本位制的情况下，产生了货币单位的"圆两之争"，即有人主张采用两、钱、分、厘的货币制度，以"两"为计价单位，延续中国传统；有人主张采用圆、角、分的制度，以"圆"为计价单位，适应时局变化和贸易流通的实际需求。

但庚子年爆发的义和团运动导致当时兼造银圆的北洋机器局毁于战火。

京都制造银圆局很快被焚毁。1901年，袁世凯接替故世的李鸿章为直隶总督。1902年，袁世凯在河北西窑洼护卫营址（今天津大悲禅院旧址）设造币厂，命名为"北洋铸造银圆总局"。

光绪二十八年（1902）年底，该厂正式开铸。总厂进行了一两银圆的铸制，模具委托日本正金银行代办，并经该行咨询日本大阪造币局铸币事宜。据孙浩在《百年银圆——中国近代机制币珍赏》（修订版）分析，当时日本大阪造币局认为，如果以边缘凸起处为准，硬币的直径应为其14倍或15倍；如果以钱币本身地章处的厚度为准，则直径应在17倍至18倍。以这样的比例为标准，一两银圆的直径应比七钱二分币加大一成为宜。一则可以防止新旧混淆，二则直径与厚度的比例大，轻敲时音脆，可避免声音混浊，不易分别优劣。总局依照此建议制作了胚饼，经核验批准后又试铸了六七千枚。后因不明原因停铸，钱币收藏界习惯称此币为"户部一两银圆"。

由于在日本大阪造币局的沿革年表中，有"1903年6月，清国委托货币模具25组制造完成"的记载，足以证明此币的模具来自日本。观此光绪元宝户部库平一两银圆背面的英文"29TH YEAR OF KUANG HSU"，可知其模具之雕刻、试制和发行均在光绪二十九年（1903）。

光绪元宝户部库平一两银圆有两种版别，分为"两"字从"人"版和"两"字从"入"版。

光绪元宝户部库平一两银圆是"中国银币二十大珍"之一，在银圆家族中占有非常重要的地位。细细观赏此币，其楷书书法之大气、设计制作之精美、防伪技术之精到令人不禁拍案叫绝。观其图文，该币艺术风格独特，币面图案依势凸起、错落有致，颇具立体之美感。币面文字出自大家之手，间架结构大气磅礴，下笔道劲有力，令人叹为观止。祥云蟠龙前后呼应，形似腾升飞跃，且龙鳞饱满刚劲，使观者顿感龙威浩荡。赏其工艺，纹饰的相贯线非常清晰，特别是该币字口、纹路和边齿深峻，完全是国外铸制的样币风格。察其细节，防伪标记亦十分精妙。

光绪元宝户部库平一两银圆，其"大美龙洋"之美誉当之无愧！

20. 唯一一款由官方铸制并发行流通的"两"制银圆——光绪三十年湖北省造大清银币背壹两银圆解密

在我国近代机制币银圆发展史上，由官方铸制发行流通的机制币银圆基本上是库平七钱二分的。我国唯一一款由官方铸制并发行流通的"两"制银圆——光绪三十年湖北省造大清银币背壹两银圆（即大清银币湖北省造壹两银圆）却鲜为人知。

光绪三十年湖北省造大清银币背壹两银圆产生于光绪二十五年（1899）至宣统二年（1910），是在清廷银币铸制单位"圆两之争"背景下诞生的近代机制币银圆。当时"圆两之争"分为两派，一派主张以"两"为银圆铸制单位，另一派则主张以"圆"为银圆铸制单位。在两派无休止的争论中，原本比较开明的湖广总督张之洞开始倾向于保守，不仅大力支持以"两"为银圆铸制单位，还付诸行动。光绪二十八年（1902）试铸的光绪元宝户部库平一两银圆莫名其妙停铸后，光绪三十年（1904）八月，张之洞向朝廷奏请在湖北试铸一两银圆。经清廷批准后，光绪三十年十二月初一（1905年1月6日），湖北银圆局改称"湖北银币局"，并开铸光绪三十年湖北省造大清银币背壹两银圆，模具则由日本大阪造币局制作。但在银圆实际铸制过程中，张之洞又有了两制银圆在实际流通使用中可能不便的考虑，最终采取了"中庸之道"，即光绪三十年湖北省造大清银币背壹两银圆实际上开铸了四种版别：实重库平一两大直径版45毫米和小直径版43.4毫米左右以及实重库平七钱二分的壹圆型大字版（直径39.4毫米左右，相对罕见的版别，尤为珍稀）和小字版（直径40毫米左右）共计四种版别。四种版别银圆背面的图案设计基本相同，但英文有差异。

银圆铸制完成后，根据张之洞的奏请，光绪三十年湖北省造大清银币背壹两银圆开始由官方发行推广。由于该款银圆与原本流通的七钱二分银币形制不同，使用不便，反而增加了商民的困扰；而且各地平法难以统一，依然要相互折算才能通行，而该款银圆成色仅为87.7%，比同等分量的七钱二分银圆含银量低，故不受商民欢迎。光绪三十年湖北省造大清银币背壹两银圆发行推广不久便陷入了困境，后以失败告终。该套银圆除有大部分收回熔铸外，尚有少部分散落民间。

光绪三十年湖北省造大清银币背壹两银圆总铸制发行量有不同说法。光绪三十三年（1907），袁世凯等人的奏折中提到的是七十万两（枚），著名外籍钱币收藏家耿爱德在《中国币图说汇考》中则指出为648000枚，而在《光绪三十一年汉口华洋贸易情形论略》中的海关记载仅为147000枚。海关记录有资料依据，应该比较可靠。

光绪三十年湖北省造大清银币背壹两银圆是中国最早在币面铭文"大清银币"的银圆，也是我国唯一一款由官方铸制并发行流通的两制银圆，加之发行流通短暂，存世较少，且设计精美，制作精湛，有诸多防伪细节，故在钱币收藏界历来被视作殊为珍罕的银圆。

光绪三十年湖北省造大清银币背壹两银圆实重库平一两小直径版
（作者个人珍藏）

光绪三十年湖北省造大清银币背壹两银圆实重库平七钱二分型[①]大字版
（作者个人珍藏）
★注：该币背面右龙尾处有"透打""阴打"现象。

---

① 该币币面虽标明为"库平一两"，但实际应为"库平七钱二分"，此为称量之谬误。

21. 收藏等级的标杆银圆——光绪年造户部丙午中字壹两银圆解密

光绪元宝户部库平一两银圆初由北洋铸造银圆总局于光绪二十八年（1902）开铸，但因不明原因未能发行并回炉改铸后，户部造币总厂又于光绪三十二年（1906）以户部的名义试制并小范围地发行了少量的光绪年造户部丙午中字壹两银圆（即光绪年造户部丙午中字大清银币壹两银圆）。

光绪年造户部丙午中字壹两银圆中直径版（作者个人珍藏）

光绪年造户部丙午中字壹两银圆共有两种版式，即为原制版和后制版（俗称"瘸子版"）。

但由于当时的"圆两之争"尚在角力之中，胜负未定，所以此币未能正式大规模铸制发行。

光绪年造户部丙午中字壹两银圆有多种版别，分为大直径版、中直径版和小直径版。其中，中直径版设计风格精美独特，颇富意趣。该币正面中央有一阳文"中"字（小直径版为阴文），代表中央造币厂，可谓设计新颖，另外在该币边缘处有水波纹饰，尤为精美别致，而背面中央铸一蟠龙图案，周围珠圈环绕，其龙鳞清晰，龙目鼓凸，附火焰及云朵，下铸水波纹，外圈刻光绪年造中文及英文"TAI-CHING-TI-KUO SILVER COIN"（意即"大清帝国银币"）。最突出的设计风格特征是该币背面的龙图：一是龙身呈反"S"形。扭曲的龙身以在半空中腾云驾雾的形式呈现，矫健有力，栩栩如生。二是细节颇含深意。九根龙尾飘逸别致，五指龙爪悍猛坚锐，似形成"九五之尊"之意象，既喻示"皇恩浩荡"，又象征皇权威严。

由于光绪年造户部丙午中字壹两银圆为试制币，其铸制发行量特别稀少，存世极罕，加之其设计风格精美独特，颇富意趣，故旧时钱币收藏界有"过了丁未进中档，有了丙午上高档"之说，视之为评判收藏等级的标杆，跨越此标杆方称得上收藏大家，可见光绪年造户部丙午中字壹两银圆在钱币收藏界中具有极高的地位。

22.一枚由"稀"得"宠"龙洋的前世今生——东三省造光绪元宝库平七钱二分银圆解密

东三省光绪元宝库平七钱二分银圆系东三省银圆制造总局铸制。

说起来，这个东三省银圆制造总局的前身为始建于光绪二十二年（1896）的盛京机器局（后改名为奉天机器局）。光绪二十四年（1898），奉天机器局铸制的银圆正式在市面上流通。沙俄侵占东北后，机器局遭到严重破坏。光绪二十八年（1902），经盛京将军增祺与沙俄方交涉，沙俄方将机器局交还奉天当局，后将机器局与造币厂分开，设立奉天制造银圆总局，并对残损机器进行修复，于光绪二十九年（1903）恢复生产。

东三省造光绪元宝库平七钱二分银圆（作者个人珍藏）

在奉局遭到严重破坏，停铸银圆期间，不出几年，市面就开始通货短缺。当时清政府整治无方，各省又各自为政，东北地区混乱程度堪称第一。除了官僚腐败和自然灾害之外，还有日、俄等外国势力在该地区相互角力，故当时东北的金融秩序远比其他地区混乱、复杂。光绪三十三年（1907），清政府根据载振和徐世昌的调查建议，将奉天、吉林、黑龙江改为行省，设置"东三省"，并委派徐世昌担任东三省总督。为恢复整顿东北经济秩序，稳定东北经济发展，徐世昌将奉天、吉林两地的银圆制造局合并为东三省银圆制造总局，并奏请清廷铸制东三省银圆。获准后，于光绪三十四年（1908）由东三省银圆制造总局开铸库平七钱二分、三钱六分、一钱四分四厘及七分二厘四种银圆，所有银圆均铭文"东三省造"。其中，库平七钱二分银圆全称为"东三省造光绪元宝库平七钱二分银圆"。

由于当时东三省的经济状况及商民的习惯，流通交易中使用最多的是本系列中一钱四分四厘的银圆，而这一银圆也逐渐得到各界商民的认可，从而成为东三省主要的流通货币。而本系列其他币种则不被东三省商民认可，流通困滞，除部分流失民间外，大部分由东三省政府收回并进行回炉改制。

东三省造光绪元宝库平七钱二分银圆"生产不正常，时断时续"（《沈阳造币厂史料》），铸量不多，并且被大量回炉改制，故存世稀少，极为珍罕，成为钱币收藏界"宠爱有加"的龙洋。

23. 具有独特地域和多民族文化风格特征的银圆珍品——大清银币喀什湘平壹两银圆解密

在中国近代银圆中，有一种文化风格非常独特的银圆珍品——大清银币喀什湘平壹两银圆。该币于光绪三十三年（1907）铸制，在新疆地区流通。

新疆为我国多民族集居区，民族文化交融复杂，而喀什属新疆区域，是中国最西部的主要城市。由于该城市靠近中亚一些国家，所以又受中亚地域文化影响。光绪元年（1875），清廷下诏，授左宗棠以钦差大臣的名义督办新疆军务。光绪三年（1877），左宗棠率军入疆，平定阿古柏之乱。为稳定和巩固新疆局势，发展当地经济，左宗棠经清廷批准，在新疆喀什地区设立造币厂，铸制各类银圆，并在新疆地区进行流通。后于光绪三十三年开始铸制大清银币喀什湘平壹两银圆。

大清银币喀什湘平壹两银圆具有浓郁独特的新疆地域特色文化。首先，该币正面的"大清银币"四字，字形粗大，尤其"大"的一撇和"清"的三点水中第三点尤显粗大，明显不同于后来宣统三年时比较纤细的"大清银币"四字，颇具民族文化特色。另外，"喀什"两字以及左右两侧为老维吾尔文，更显著地体现了民族文化风格特色。值得一提的是，该币正面"湘平壹两"币重采用了大清币制的湖南湘平计量，原因是左宗棠及其麾下军队多是湖南人，湖南简称"湘"。其次，该币的背面没有水波纹，在币圈围只刻铸了长枝叶来衬托主图，虽然其主图案也采用了"S"形龙图，但奇怪的是，该"S"形龙身不是用线条来勾勒，而是用珠点来体现，特别是那对又长又粗的龙角，尤为明显地体现了新疆民族风情。

大清银币喀什湘平壹两银圆版别较多。从直径和重量来分类，计有直径43—45毫米的大直径版（实重库平34.5克至37克）、39—40毫米的小直径版（实重库平七钱二分壹圆型和实重库平34.5克至37克）两大版类三小类。大清银币喀什湘平壹两银圆属中国近代机制币银圆的珍品，具有较高的收藏价值和民族、地域文化研究价值。

大清银币喀什湘平壹两银圆实重库平七钱二分壹圆型（作者个人珍藏）

24.隐匿着谜般文化密码的银圆——光绪银币丁未一两银圆解密

光绪银币丁未一两银圆是光绪三十三年（1907）由清政府度支部设计、度支部天津造币总厂铸制，为慈禧和光绪庆寿冲喜用的专属纪念银圆，亦是大清王朝最后一款祝寿纪念银圆，设计精美，制作精湛，铸量稀少，尤为珍罕。

光绪银币丁未一两银圆（作者个人珍藏）

然而，由于光绪银币丁未一两未被钱谱所收录，且该币币面没有满文，故钱币收藏界有人认为该币是臆造银圆。

那么光绪银币丁未一两究竟是不是臆造银圆呢？

事实上，慈禧和光绪帝二人庆寿冲喜，是在慈禧虚岁73岁（慈禧生于1835年，为乙未年）、光绪帝虚岁37岁（光绪帝生于1871年，为辛未年）的1907年（丁未年）进行的。因为在1907年，慈禧和光绪的身体健康都出现了问题，民间又有"七十三、八十四，阎王爷叫来商量事"之俗语，故对于慈禧来说，七十三岁是个重要关口；而且两人又恰好共逢"未年"，故急需"冲喜"。且慈禧的七十大寿因时值多事之秋,故并未举办。直至丁未年,清廷才决定由庆亲王奕劻和袁世凯以"捐献俸禄"的方式,给慈禧和光绪庆寿冲喜。于是专铸的光绪银币丁未一两祝寿纪念银圆就此诞生了。

光绪银币丁未一两银圆正面是两条扭身摆尾、动感十足的古龙图案,双龙口衔龙珠,似组成一个"寿"之变体字;龙尾相交处是一个抽象的蝙蝠图案,有"双龙同贺,福寿双全"之意。同时,币正面的"古龙"代表慈禧;币背面的两条昂首舞爪、龙态威猛的"时尚龙",则代表当时年轻气盛的光绪。

据银圆收藏家研究,该币双龙口组成一个"日"的图案,上有3道光芒,而双龙嘴各有长龙须2条,合计4条;龙身旁及下方又有3朵祥云。3道光芒加4条长龙须为"7",再加上3朵祥云,从上向下数,正好是"7""3",这不就喻示了慈禧的年龄吗?再从下向上数,正好是"3""7",这不又喻示了光绪帝的年龄吗?所以,此币不管从整体还是从细节看,都是为慈禧和光绪祝寿的。由此亦可见中国龙文化与寿文化交融之深。

光绪银币丁未一两银圆是融合多种文化元素而成的银圆,且其背面"一两"二字似出自名家之手,笔力刚劲,笔法精美,给人以强烈的艺术冲击力,美轮美奂。该币是为给慈禧、光绪共同庆寿冲喜而设计铸制的专属纪念银圆,且仅限于贵族大臣之间行赏留念之用,铸量稀少,没有在市面流通。慈禧和光绪于1908年去世后,战乱频繁,该币也就散落民间了。

综上所述,光绪银币丁未一两银圆并非臆造银币,而是真实存世,且非常珍罕的中国近代机制币银圆官铸大珍品。

25. 神秘的"龙洋王后"——大清银币戊申吉字库平一两银圆解密

钱币收藏界常常把"银币十大珍"之首——光绪元宝奉天省造癸卯库平一两美誉为"龙洋之王",而把其中的大清银币戊申吉字库平一两银圆美誉为"龙洋王后""大吉龙洋"等。

大清银币戊申吉字库平一两银圆实重库平一两中直径版(作者个人珍藏)

大清银币戊申吉字库平一两银圆系光绪三十四年(1908)由吉林省银圆局铸制。该币属中国近代官制银圆中的大名誉品,铸量稀少,传世极罕。目前所知版别有三种,即实重库平一两45毫米大直径版、43.2毫米中直径版以及实重库平七钱二分40毫米小直径版。其中的小直径版已为钱谱收录,中直径版虽未见钱谱收录记载,但有银圆收藏专家研究指出德国世界钱币目录有收录记载。据说,著名钱币收藏家马定祥曾珍藏一枚大清银币戊申吉字库平一两银圆,后不慎遗失,下落不明。为此,他难过得吃不下饭,睡不着觉,甚至在弥留之际仍然提及此憾事,可见此币在他心目中的地位。

那么大清银币戊申吉字库平一两银圆究竟藏有什么秘密，让大藏家竟如此着迷呢？让我们逐渐揭开"龙洋王后"之神秘文化面纱，观赏其神奇魅力。

首先，大清银币戊申吉字库平一两银圆蕴藏着博大精深的中国龙文化。龙，是中华民族古老的图腾，是最具代表性的中国传统文化符号之一，也曾是中国封建皇权的象征。细观此币，其背面龙图的龙首处，有两条大龙角，中间有一个凸出的龙额头，加起来等于数目"3"，龙头上的扇形龙冠，即龙颈凸出处突兀出现的两个小横杠，表示数目"2"，3加2为5，再与9条龙尾数相联系，就形成"九五之尊"，象征皇权威严。再看该币龙角两侧的龙须，其右侧是两长一短的三条龙须，而左侧却并不与其相对称，真是怪哉！原来这左侧三条龙须是设计师的巧妙设计，将其下移，置放在左侧龙身弯曲处，这样填补了画面多余的空间，另以曲线突出了龙须之美，可谓一举多得。最重要的还是这三条龙须中最下面那一条曲线收尾处，有一颗下垂点，这喻示皇恩浩荡，垂幸百姓，象征皇帝仁慈！可见，此币龙图所展现的中国"龙"文化，确实令人感觉奥秘无比，回味无穷。

有银圆收藏专业人士研究发现，该币的"S"形龙身体现了中国的阴阳平衡文化。"S"形龙身正好将内部圆圈及整个币背面分割成两半，如同太极图一样，阴中有阳、阳中有阴，上为阳、下为阴，由此可知该币龙背属"阳"、龙腹属"阴"，龙头属"阳"、龙尾属"阴"，中国阴阳平衡之文化理念在此币中表现得淋漓尽致。龙身左下方有一只粗壮的龙臂及龙爪，似乎将整条龙从中间切割成两半。这一转变意味着龙身正在扭动转折，动感十足，原本平淡无奇的静止龙图一下子"活"了起来，有了神龙活现、飞龙在天的动感，真是妙趣横生。

此外，该币正面中心有一个小圆圈，里面书写一个"吉"字，字形精美，中心突出，既表示"吉林"地名，又寓意"吉祥如意"，可谓一语双关，中国吉祥文化设计之精妙、意蕴之深长，简直令人叹为观止、拍案叫绝。

26. 扑朔迷离的银圆大珍"谜案"——庚戌春季云南造宣统元宝库平七钱二分银圆解密

在钱币收藏界，庚戌春季云南造宣统元宝库平七钱二分银圆历来被视为大名誉品，是"银币十大珍"之一。著名钱币家张璜虽然无此币的实物图片，感慨"未见真品，无法武断描写"，但对此币却推崇备至；著名钱币学家、收藏家马定祥先生更将此币誉为"稀世之珍"，可见此币珍罕之程度。

对于庚戌春季云南造宣统元宝库平七钱二分银圆的真伪问题，钱币收藏界历来争论不休。有人认为，该币不同于普通的云南省造宣统元宝库平七钱二分银圆，虽然也加铸了干支纪年"庚戌"两字，但为什么又一反常态地刻意再书"春季"二字？这是中国近代机制币银圆铸造史上非常罕见、标新立异的唯一一款银圆，也是钱币收藏界长期困惑不解、扑朔迷离的一大"谜案"。

该币历史资料虽有限，但雁过留痕，根据相关资料中的蛛丝马迹追踪，最终找到了真相。

在著名钱币收藏家耿爱德的《中国币图说汇考》一书中，有庚戌春季云南造宣统元宝库平七钱二分样币的正面拓图及背面照片，耿爱德还在书中指出，此为一枚单独的硬币（即没有辅币），铸造于1910年，是清代云南铸造的最后一枚硬币，铸额甚少，存世罕见。在描述该样币特征时，他写道："这枚银币除了正面上外缘改为'庚戌春季云南造'七个字以外，其余两面的图案均与1909年云南省造宣统元宝相同。"

为研究耿爱德的说法是否成立，笔者考证相关历史资料，发现这样一条史实：宣统二年（1910）四月，清政府颁布《币制则例》，拟统一铸制银圆，撤销各省所设的铸币厂，全部归口天津总厂铸制，但把汉口、广州、成都、云南四处的铸币厂改为分厂，统归天津总厂管理。由于统一铸制银币的成色、分量、样式都与旧币有所不同，所以，在《币制则例》颁布之后，清政府又下令禁止以上四地继续铸制旧币银圆，新币要等祖模颁布后才能统一开铸。不过这项规定引起各省的不满，一些省份联合起来公开反对停铸银圆，云南的反应尤其激烈。后来，云南造币厂为解燃眉之急，想到一个临时解决的办法，即在原有的宣统元宝币模（即1909年云南省造宣统元宝银圆币模）上加刻"庚戌春季"四字，同时为放置新加文字，又去掉原有的"省"字，稍做修模后，便继续铸制。"庚戌"是指宣统二年（1910），"春季"指一至三月，在该币币模上加刻"庚戌春季"的用意在于强调此币铸于《币制则例》颁布之前。当时云南使用的币模是1909年铸制的宣统元宝币模，而且该币模所铸银圆也正在流通中。这显然是一种不得已而为之的权宜之计。后来清政府对云南造币厂这种"此地无银三百两"的做法给予严厉查处，所铸庚戌春季云南造宣统元宝库平七钱二分银圆除部分散落民间外，遭到尽数销毁。

云南造币厂不仅被勒令立即停铸银圆，原有的老版钱模也被封存查收，等待新模颁布后再开铸。

云南造此币是为规避清政府在宣统二年四月颁布的《币制则例》的权

宜之计，在此紧急的情况下，按常理推测，云南造币厂没有时间也没有必要重新设计铸制模具，只需在原有的币模上加刻"庚戌春季"四字，声明银圆是律令颁发前铸制的即可。这也说明，耿爱德所说的"除了正面上外缘改为'庚戌春季云南造'七个字以外，其余两面的图案均与1909年云南省造宣统元宝相同"是符合史实的。

庚戌春季云南造宣统元宝库平七钱二分银圆（作者个人珍藏）

多位收藏家对比庚戌春季云南造宣统元宝库平七钱二分银圆与1909年云南省造宣统元宝库平七钱二分银圆真品模图，发现庚戌春季云南造宣统元宝库平七钱二分银圆除正面上外缘"庚戌春季云南造"七个字外，其他图文确均与1909年云南省造宣统元宝库平七钱二分银圆模图吻合。因此，该币是真实存在的，且有防伪暗记。

27. 颇具西方文化色彩的独特"西龙币"——大清银币宣统年造壹圆银圆解密

关于大清银币宣统年造壹圆银圆，钱币收藏界大多认为其系天津造币总厂所制。其实准确的说法应该是该币的币模为奥地利造币厂所制，而天津造币总厂则根据奥地利造币厂提供的币模进行生产。

大清银币宣统年造壹圆银圆（作者个人珍藏）

宣统二年（1910），清政府银圆铸制的"圆两之争"终于有了定论，颁布《币制则例》，规定大清国币以"圆"为单位，并开始设计、铸制纪年为"宣统年造"的"大清银币"和"大清铜币"标准新国币系列。但该系列币模的设计和银、铜币的生产则是分开进行的。

据20世纪80年代初期英国钱币家李察·伟德的深入调查，证实了大清银币宣统年造系列（包括壹圆、五角、二角五分、一角4种银模及铜模）币模系奥地利造币厂雕刻，该套币模制作工具至今保存于维也纳艺术史博物馆内。据说，奥地利造币厂币模雕刻完成后即送交天津造币总厂开制，但后来又流产了。究其原因，有两种说法：一是库银缺乏，数额有限，并未流通；一是清廷并未采用该版设计，可能是该币设计过于西化，与中国传统文化不合，加之清廷新聘的意大利著名雕刻师乔治即将走马上任，清廷对其寄予厚望，所以对该版设计不予批准。应该说，后一种说法的可能性较大。但无论哪一种说法，大清银币宣统年造壹圆银圆除了铸制了少量试铸币外，最终并未流通是事实。

从设计来说，大清银币宣统年造壹圆银圆充满西方文化色彩，其特征主要体现在银圆背面龙图案的设计上。首先，该币的龙头设计有别于中国传统意义上的龙图案，特别是把龙须设计得像锐利的尖刺一般，显得非常凶悍张扬，与中国传统文化中龙须飘逸下垂的含蓄美相比，带有明显的西洋文化特征；其次，其云朵设计是圆形的，显得比较抽象，也有别于我们传统意义上那种多姿多形的云朵写实设计风格；第三，龙身下方的波浪纹设计用线条来表现，更有别于传统写实风格的波浪纹设计等。总之，与后来偏重于写实风格的意大利雕刻师乔治设计的标准流通国币"曲须龙"相比，该套样币最终未能通过清廷批准也就可以理解了。但是，从艺术审美角度来说，该币外放的设计风格的确别具一格，令人耳目一新，体现了西方文化的典型特征，加之铸量稀少，并未流通，故这款"西龙币"银圆就成为钱币收藏界殊为珍罕的"龙银之星"，具有独特的收藏价值。

28. 璀璨夺目的晚清银圆名珍——宣统三年大清银币壹圆珍稀版银圆系列解密

宣统二年（1910）四月，清政府颁布《币制则例》，结束了银圆的"圆两之争"，将铸币权明确统一收归中央，并规定了银圆以"圆"为单位，确定了标准银币的样式、分量和成色。宣统三年（1911），天津造币总厂根据《币制则例》的规定，聘请经验丰富的意大利雕刻师乔治和中国雕刻师余子贞团队精心设计铸制了拟定为国币的宣统三年大清银币系列候选国币，计有长须龙、短须龙、反龙、大尾龙、曲须龙（含签字版）等多种版本。该套候选国币铸量稀少，仅制作样币呈报清廷审核，故十分珍贵、罕见。乔治作为总雕刻师，比稿要求一致，故这一系列银圆正面的图案布局、文字书法、花枝风格几乎一致（长须龙配普通面除外），钱币中间的汉字"大清银币"，楷书端庄，厚重雄浑，尽显皇家威仪，左右两侧有花枝点缀，上书满文（意为"大清银币"），下书汉字"宣统三年"；币背面的图案布局依旧保持一致，飞龙环绕，中书汉字"壹圆"表示币值，下书英文币值"壹圆"，龙身周围祥云围绕。但在龙身、胡须、尾巴等细节上，也存在诸多差异，故钱币收藏界也形象地给这套候选国币起了更生动的名字以示区别。而这些中西文化融合的龙洋银圆，无疑是大清龙洋的巅峰之作，更是国内外各大拍卖会钱币专场上实力藏家竞相追逐的对象。通过西方式"比稿""选稿"的方式，最终确定了以曲须龙为标准国币，并于宣统三年（1911）正式在全国范围内发行流通。1911 年 10 月 10 日，武昌起义暴发，封建腐朽的清王朝在辛亥革命的浪潮中被彻底推翻，这套宣统三年大清银币就成为中国封建王朝的"关门币"。

龙洋家族中帅气的"币红"——宣统三年大清银币壹圆长须龙银圆

宣统三年大清银币壹圆长须龙银圆由余子贞领衔的中国雕刻师团队完成。从设计的角度来说，其雕刻风格显得比较抽象，偏向"写意"，以突出龙高高在上、威严霸气之气度，也摒弃了"宣二"水龙困在圈内的束缚感。长须龙顾名思义，龙面的两根龙须较长，龙须末端伸到了"圆"字，此外龙头较大，整体看起来十分威严。

宣统三年大清银币壹圆长须龙银圆版别可分为：1. 长须龙标准款。a. 阴叶版（左侧花枝靠近内齿的枝叶经脉下凹）；b. 阳叶版（左侧枝叶经脉凸起）；c. 破模版。2. 长须龙普通面。目前存世所见此版均为龙面破模版，可见此版为长须龙龙面破模版配标准字面（又称"长须龙背破版"）。

长须龙版深受比稿审查小组（包括乔治本人）的青睐，因而才在破模版上修模，重配了更加规范的边齿，试制了少量以供审查或作留念，以成"国币"最后的候选。这款银圆特别稀少，在龙洋家族中尤为珍罕。

宣统三年大清银币壹圆长须龙阳叶版银圆（作者个人珍藏）

宣统三年大清银币壹圆长须龙背破版银圆（作者个人珍藏）

长须龙银圆虽有多种版别，但共同点都是图案设计精美、制作精湛，币面之龙鼻梁凸起，双眼炯炯有神，龙纹精细，龙态威猛，形神兼备，栩栩如生，特别是那两根下垂的长龙须，飘逸精致，尤为帅气，有一种强烈的艺术冲击力和震撼美。此币存世极罕，故成为藏界热捧的稀世珍品"币红"。

昙花一现的珍币稀品——宣统三年大清银币壹圆短须龙银圆

作为候选国币之一的宣统三年大清银币壹圆短须龙银圆，同长须龙版一样，其设计风格亦偏向"写意"。该币背面龙头高高在上，极尽体现皇家的威严霸气，其设计雕刻风格显得比较抽象，可见也有余子贞领衔的中国雕刻师团队雕刻的痕迹。但该币与长须龙不同的是，龙头下的两根下垂的龙须比较短，龙须末端仅伸到了"壹"字宝盖头的上方，故从龙头来看，没有长须龙那种长须飘飘的飘逸感，反倒平添了几分威严感。此亦是"短须龙"称誉之由来。

有人说，从美感来上来说，"长须龙"无疑是人气爆棚的"美髯公"，其"人气"比之"短须龙"更胜许多；但从珍稀度来说，"短须龙"在"大清宣三"系列中独占鳌头。可能"短须龙"是"长须龙"的初稿，在初审中被"枪毙"后重新调整复审，时间极短，这也是短须龙最为稀少的原因。此说是有道理的。

宣统三年大清银币壹圆短须龙银圆图文精美，纹饰考究，工艺精湛，有着极高的艺术观赏价值。其币正面珠圈内"大清银币"四字，笔力刚劲，干脆利落，十分精美。珠圈外上端为满文，下缘为汉字"宣统三年"字样，左右两旁分列长枝菊花纹饰，线条流畅，脉络清晰。银币背面中间为汉字"壹圆"两字，下缘为英文币值，神龙图案沿边缘逆时针腾云而起，环绕一周，七根尾须向上，而龙头高高置顶，两根短须下垂，龙纹精细有序，龙目炯炯有神，其威武霸气，尽显皇家之威严。

宣统三年大清银币壹圆短须龙版银圆（作者个人珍藏）

独特叛逆的龙洋——宣统三年大清银币壹圆反龙银圆

宣统三年大清银币壹圆反龙银圆是由意大利雕刻师乔治亲自操刀设计的。从设计风格来说，与余子贞领衔的中国雕刻师团队不同，乔治更注重写实，注重在雕工上呈现立体感和线条流畅美感。

可以说，在"大清宣三"系列中，反龙版独特叛逆的趣味设计，似乎更能体现中西文化融合的特点。比如，"反龙"图案一反传统的"正龙"龙形设计，从龙头、龙身到龙尾呈逆时针方向，龙尾隐现于云朵之中，是"大清宣三"系列中唯一一枚"神龙见首不见尾"的样币。该币亦由此得名。此外，"反龙"图案与其他"龙"图案相比，也有不同点，主要体现在龙爪和龙身的细节上。"反龙"的龙爪"张牙舞爪"，显得更威猛，龙身亦更紧凑，立体感、流畅感亦更强。这种中西文化融合的特征，的确是银币设计中难能可贵的创意风格。因此，在中国近代机制银币龙洋家族中，宣统三年大清银币壹圆反龙银圆以其独特叛逆的趣味设计而显得尤为珍罕，成为钱币收藏界的龙洋瑰宝。

宣统三年大清银币壹圆反龙阳叶版银圆（作者个人珍藏）

在版别上，宣统三年大清银币壹圆反龙银圆分为阳叶版和阴叶版。

清廷在选择国币过程中，"反龙"银圆本来有可能入选国币，然而，由于"反龙"图案张牙舞爪，龙爪张扬过度，在传统看来，不成体统。而且，中国传统龙图的龙身都是顺时针伸展，而"反龙"则是逆时针方向伸展的，太过"叛逆",是"大逆不道",这更是统治者所不允许的。所以最终反龙版设计方案也被推翻了。其后,少量铸造的样币也散落民间。

神秘大气的龙洋之珍——宣统三年大清银币壹圆大尾龙银圆

在"大清宣三"系列中,最神秘大气的非宣统三年大清银币壹圆大尾龙银圆莫属。其"神秘"主要体现在钱币收藏界对其认知上。由于"大尾龙"银圆版别较多,且目前钱币交易市场良莠不齐,真品亮相少,几无资料可考证,故该币就显得神秘莫测。其"大气"主要体现在设计风格上。同反龙银币一样,宣统三年大清银币壹圆大尾龙银圆也是由以写实风格而著称的乔治及其团队担纲设计的。"大尾龙"算是"曲须龙"的同胞兄弟,除了"大尾龙"龙尾比"曲须龙"宽大粗壮、直冲云霄这个最显著的"大气"特征(这也是"大尾龙"得名的由来)以外,其他图案在风格、布局上也接近一致,龙头、龙身非常相像,甚至连云朵数量和位置都很统一,只是"曲须龙"龙身、云朵图案更具象、细腻,而"大尾龙"则粗犷有余、细腻不足。

"大尾龙"银圆设计独特,具有以下特征:一是"大尾龙"银圆上的字体十分肥大高凸(特别是银圆背面的英文),这一特征在"大尾龙"浅模版上表现得尤为明显;二是在银圆背面宽大粗壮的龙尾上,有一根长长的龙尾直冲云霄,给人一种强烈的艺术冲击感,磅礴大气,酣畅淋漓,这就是"大尾龙"最显著的特征;三是"大尾龙"比之其他候选国币的龙图案,显得尤为粗犷豪放、气度豪迈,但在花纹细节处理上又有其清晰精湛的一面;四是银圆正面的珠圈非常精细,排列规整,制作精美。

宣统三年大清银币壹圆大尾龙浅模版银圆（作者个人珍藏）

  鉴定"大尾龙"银圆的真假，除从重量尺寸、细节声音、包浆神韵等方面入手外，亦可以从其设计的风格特征上来鉴别。

  宣统三年大清银币壹圆大尾龙银圆版别在候选国币系列中相对比较复杂。如按制作技术可分浅模版、深模版，按花枝叶脉设计不同又可分为细花阳叶版、细花阴叶版等。其中，"大尾龙"的浅模版与细花阳叶版比较，最大区别是浅模版龙鳞比之细花阳叶版龙鳞的排列较为整齐，细花阳叶版无论龙头、龙身之图案，相较于浅模版，显得更为粗犷威猛。

宣统三年大清银币壹圆大尾龙细花阳叶版银圆（作者个人珍藏）

宣统三年大清银币壹圆大尾龙银圆因其独特的风格特征和神秘大气的魅力，一直是钱币收藏界狂热追藏的龙洋之珍。

罕见的绝版币——宣统三年大清银币壹圆曲须龙签字版银圆

在所有候选国币中，宣统三年大清银币"曲须龙"似乎显得非常低调，但作为由乔治亲自设计雕刻并敲定的"曲须龙"，由于币面文图协调和传统观念等因素，最终以其细腻精湛的细节表现、相当精美的"瘦体字"以及不失威严霸气的龙图案被确定为大清国币，并于宣统三年（1911）五月交由江南、湖北两厂铸制，在全国范围正式发行流通。

为纪念国币的诞生，意大利著名雕刻师乔治在"曲须龙"币模上签字，并精心制作了一批少量银圆，作为清廷王公贵族们的纪念币（后来由于战乱，有部分流入民间），此即宣统三年大清银币壹圆曲须龙签字版银圆。

宣统三年大清银币壹圆曲须龙签字版（阳文简签小字母版）银圆
（作者个人珍藏）

该币极为罕见，设计颇有特色，其币正面文字为"瘦体字"（相较于其他候选国币，该银圆正面"大清银币"四字比较精细，故称），背面龙图案从龙齿到龙角的表现层次丰富，龙目炯炯有神，龙鳞精细清晰，龙爪张弛有度，龙身则呈"S"形健挺而出，气势磅礴，活灵活现。在币面小小的空间内，能够于细微处表现出多层浮雕立体效果，且远近分明，令今人赞叹不绝。

宣统三年大清银币壹圆曲须龙签字版银圆目前发现有四种版别：一是阳文简签版（银圆背面龙图尾巴左侧约八点钟位置有阳文"GIORGI"字样，又可细分为小字母版和大字母版）；二是阳文全签版（银圆背面龙图尾巴左侧位置有"GIORGI INC"字样）；三是阴文签字版（银圆正面"年"字左侧有阴文"L.GIORGI"字样）；四是外籍著名收藏家耿爱德补遗版（银圆正面"年"字左侧有阴文"L GIORGI"字样，"L"后没有带点）。

宣统三年大清银币壹圆曲须龙签字版银圆由于出自名家之手并有签字，且为清政府封建统治被辛亥革命推翻前的最后一款带有纪念性质的绝版币和关门币，加之其图文设计精美，制作精湛，存世极稀，故在钱币收藏界殊为珍罕。

宣统三年大清银币壹圆曲须龙签字版（阳文简签大字母版）银圆
（作者个人珍藏）

29. 颇有争议的神秘之币——袁世凯大胡子开国纪念币银圆解密

　　袁世凯大胡子开国纪念币银圆是民国机制币银圆中最为稀少的大珍币之一。

　　辛亥革命推翻了清政府的封建统治，1912 年 1 月 1 日，中华民国临时政府成立，孙中山宣誓就任中华民国临时大总统。1912 年 2 月，孙中山被迫让位给北洋军阀头目袁世凯。同年 3 月，袁世凯在北京就任中华民国临时大总统。当时为庆祝袁世凯就任新临时大总统，南京造币总厂（即当时所谓"中华民国财政部造币总厂"）在铸制发行孙中山开国纪念币后，又继续设计试铸了袁世凯大胡子开国纪念币银圆的多种版别。根据目前发现的就有两种版别：一种是已经发行的袁世凯大胡子开国纪念币三角圆出头版，此币在钱谱上已有收录记载；另一种是试铸但未发行的袁世凯大胡子开国纪念币凹脑版，目前还没有发现钱谱上有收录记载。但问题关键是该币有许多神秘之处，至今在钱币收藏界也颇有争议，如该币的大胡子肖像原型究竟是袁世凯还是程德全，为什么会有两种版别，等等。

　　有人说，该币的大胡子肖像原型应该是程德全，理由是程德全曾于1911—1913 年担任江苏都督。据称，该币是苏州铜圆局铸制的。但是，据有关资料考证，1904—1905 年，苏州城内曾建造了两家铜圆局铸造铜圆，但均于 1906 年关闭。且按常理来说，开国纪念币的肖像一般是以总统头像为原型雕模铸制的，程德全仅是江苏都督，故该币不可能是以程德全为肖像原型的。最重要的是，1993 年，大藏家马定祥之子马传德在其父亲研究的基础上，发现了一张袁世凯在 1912 年年初或者更早时候拍的照片。照片中，袁世凯留着大胡子，与该币币面肖像极为相似，这更有力地证明了该币大胡子肖像原型就是袁世凯。

袁世凯大胡子开国纪念币银圆凹脑版（作者个人珍藏）

那么为什么该币又出现了两种版别呢？

我们知道，造币厂在试铸银圆时，要对银圆的图文、面值、实际价值、成色、铸造量、实用性等进行综合分析考虑，并拿出好多套方案，铸制出样币，再经反复修改，甚至废弃原模，重新雕模，才能最后做出取舍，保留一个最优方案，开始正式铸制发行流通。正常情况下，确定某一方案后，其他试样币就会销毁，但也难以避免地会有一小部分流入民间，最后进入收藏领域。某种银圆在发行很短一段时间后，因政治等多方面原因又进行改制甚至回收，也是很常见的。所以，一些银圆虽未见钱谱收录记载，但仍是今人热捧的稀世之珍。

袁世凯大胡子开国纪念币凹脑版背面的嘉禾图案风格，与南京造币总厂开铸的孙中山开国纪念币背面的嘉禾图案风格极为相似。该币在试铸部分样币后，可能因正面袁世凯大胡子头像的后脑部有凹进弯曲问题，显得头型过于狭长，有点变形，与袁世凯本人实际肖像不符，且也有损其形象，故未能通过审批。南京造币总厂就在此银圆铸模上进行反复修改或者干脆废弃原模、重新雕模，最终铸制出了三角圆出头版袁世凯大胡子开国纪念币试样币，通过审批后，开始少量试发行，而原凹脑版袁世凯大胡子开国纪念币银圆就有若干试铸币流进民间，成为绝版币。该版试铸币极为罕见，藏界和市场上皆几近绝迹，故钱谱未能收录记载。

袁世凯大胡子开国纪念币银圆三角圆出头版与凹脑版相比对，其正面肖像虽然同为袁世凯头像，但差别较大，主要区别首先是前者的后脑部弯曲幅度恰到好处，较符合实际；后者则是凹进去的，弯曲明显，头型显得过于狭长，有点夸张变形。其次，两种银圆背面"壹圆"的"圆"字里的"贝"部上方均为三角形，但前者三角形是出头的，而后者没有出头。两种银圆背面文字笔法及图案风格十分相似，但细微处也有差别，尤其是嘉禾叶子图案差别较为明显。

仔细观赏凹脑版袁世凯大胡子开国纪念币银圆，其包浆自然老道，图文凹凸分明，人物肖像富有神韵，内齿、边齿和珠圈刚劲规整，线条流畅，机铸纹明显，的确是枚铸制精湛、难得一见的民国机制币银圆精品大珍币。

从收藏的珍稀角度上来说，袁世凯大胡子开国纪念币银圆三角圆出头版虽然目前在民国机制币银圆中亦很少见，但由于已经有少量发行，故比之凹脑版可能还有点小小的存世量，也难怪在拍卖行或者钱币市场偶能得见；而袁世凯大胡子开国纪念币银圆凹脑版由于是试铸币，并未发行，故拍卖行或者钱币市场几无所见，加之铸制精湛，其收藏价值自然比三角圆出头版更高。

30. 与实际大相径庭的错误图像——袁世凯民国三年七分脸背嘉禾壹圆签字版银圆解密

在所有袁世凯签字版银圆系列中，有一款版别尤为引人注目，即袁世凯民国三年七分脸背嘉禾壹圆签字版银圆。该币是试铸币，其正面镌袁世凯七分脸肖像，肖像上端环镌发行年号"中华民国三年"，右侧边缘镌有银圆设计者、著名意大利雕刻师鲁尔治·乔治的签名 L. GIORGI。背面中央镌币值"壹圆"二字，托以嘉禾左右交互、下系结带。与其他袁像签字版明显不同的是，该币脸像是一张七分脸。

袁世凯民国三年七分脸背嘉禾壹圆签字版银圆（作者个人珍藏）

辛亥革命推翻清王朝后，袁世凯窃取了辛亥革命的胜利果实，于 1912 年 3 月 10 日在北京就任中华民国大总统。为统一建立银本位币制，稳定经济，袁政府于 1914 年 2 月颁布《国币条例》，规定国币铸发权专属于政府，国币以壹圆为铸币，以银圆的形式教令颁定之。为提高自己的统治地位，袁世凯还决定把自己的头像铸在银圆上，以期永久纪念。天津造币厂根据《国币条例》，准备开铸新国币——袁世凯中华民国三年壹圆银圆，即"袁大头"民国三年背嘉禾壹圆银圆，币模则由在华铸币专家意大利雕刻师鲁尔治·乔治（L.GIORGI）亲自操刀设计。

当时，意大利雕刻师乔治在设计制作币模时由于未见过袁世凯本人，仅以照片为底本进行雕刻，最后雕刻成了袁世凯七分脸的银圆币模，并由天津造币厂试铸了小批量的银圆。该批银圆分为签字版和非签字版两类。签字版银圆正面钢模为深模，人物清晰度较高；无签字版银圆正面钢模为浅模，人物清晰度相对不高。该批银圆大部分作为留念赠送给了政府官员、名流商贾等，小部分作为样币呈送给袁世凯和财政部审批。

结果一看，令人啼笑皆非。原来银圆上袁世凯的七分脸头像显得苍老虚弱，袁世凯认为此币无法显示其"强人"形象，故而不甚赞赏。一直以严谨著名的乔治非常尴尬，要求重雕币模，于是就有后来被确定为新国币的俗称"袁大头"民国三年背嘉禾壹圆银圆系列，包括后来的"袁大头"民国三年背嘉禾壹圆签字版银圆。

袁世凯民国三年七分脸背嘉禾壹圆签字版银圆铸量非常稀少，存世极罕，加之设计制作精美，币面签名亦出自名家之手，故历来是钱币收藏界热捧的银圆名珍。

31.《国币条例》下诞生的罕见民国小珍币——袁世凯民国三年七分脸背嘉禾贰角银圆解密

1912 年，中华民国建立后，袁世凯迫使孙中山先生让位，自己出任临时大总统。鉴于当时货币金融系统十分紊乱，为整顿和规范币制，1914 年2 月 7 日，袁世凯以大总统令的形式公布了《国币条例》及其《施行细则》，并由此催生了国币"袁大头"，也催生了一些珍稀少见的试铸样币银圆，其中就有一种面值为贰角的小珍币尤为罕见。

袁世凯民国三年七分脸背嘉禾贰角银圆（作者个人珍藏）

《国币条例》及其《施行细则》的颁布有其复杂的历史背景，主要有三个方面原因。首先，孙中山当时虽然辞去临时大总统职务，但出于救国救民之心，仍应袁世凯之邀赴京，于 1912 年 8 月至 9 月，与袁世凯先后谈话十余次，其中就包括整顿和规范币制的问题。同年 12 月 3 日，孙中山发出"创议钱币革命，对抗沙俄侵略"的通电。其次，民国政府成立之初，由于当时铸币十分复杂纷乱，在市场上流通的中外货币达百种以上，而且各有各的流通范围，规格不一，折算烦琐，收税、发饷、交易时颇为不便，市面恐慌，民众积怨，故当时的国务总理熊希龄、农商总长张謇等人，鉴于此种金融情势，也极力主张实行币制改革。再次，袁世凯为了解决军费问题，也需要统一货币；而且他也想乘机把自己的头像铸于广泛流通的银币币面，来提高自己的政治地位。

在这种深刻复杂的历史背景下，1912年7月15日，民国政府设立了币制专门委员会，专门研究和拟订币制改革方案。随后，1914年，《国币条例》及其《施行细则》就产生并正式颁布了。

《国币条例》及其《施行细则》的主要内容就是规定钱币的铸制发行权归民国政府所有，原先各个官局所铸造发行的一圆银圆由民国政府兑换并改铸，在一定的时间段内，承认其价值等同于国币一圆。国币的主币为一圆银圆，其重量是库平六钱四分八厘，材质及比例是银占89%、铜占10%、锡占1%，一枚成品银圆的重量是七钱二分；并规定国币种类有银币四种（壹圆、中圆、贰角、壹角），镍币一种（伍分），铜币五种（贰分、壹分、伍厘、贰厘、壹厘）。正面镌袁世凯侧面头像及发行年号，背面铸嘉禾纹饰和币值，先由天津造币厂铸制，后在南京、广东、武昌等地陆续铸制。

天津造币厂接受铸制任务后，根据《国币条例》及其《施行细则》规定，准备开铸袁世凯中华民国三年系列银圆，币模则由当时在华铸币专家——意大利著名雕刻师鲁尔治·乔治亲自操刀。后来，乔治分别雕刻了袁世凯民国三年七分脸背嘉禾银圆壹圆、中圆、贰角（即本节所论之袁世凯民国三年七分脸背嘉禾贰角银圆）、壹角等多种版别币模，并且分签字版和非签字版两类小批量试铸银圆样币。但该批样币在送呈袁政府审批时，因七分脸的头像显得"苍老虚弱"而未受袁赞赏。一直以严谨著名的乔治非常尴尬，要求重雕币模，于是就诞生了后来被确认国币的"袁大头"银圆，而袁世凯民国三年七分脸背嘉禾壹圆、贰角等银圆试铸样币除被一些官员珍藏留念外，还有部分流入民间。

袁世凯民国三年七分脸背嘉禾贰角银圆真品目前由于市面少见、存世极罕、小巧玲珑、铸制精美，且确为民国银圆的精品珍币，故具有极高的收藏价值。

32. 防伪细节特征颇具奥妙的"币珍明星"——袁世凯民国三年背嘉禾壹圆签字版银圆解密

袁世凯中华民国三年背嘉禾壹圆签字版银圆（俗称"袁大头"民国三年背嘉禾壹圆签字版银圆）是著名意大利雕刻师鲁尔治·乔治袁像系列银圆的代表之作，在袁世凯签字版银圆系列中最受热捧，是钱币收藏界的"币珍明星"。

袁世凯中华民国三年背嘉禾壹圆签字版银圆是民国三年（1914）由天津造币厂铸制的。据说，当年意大利雕刻师乔治因袁世凯民国三年七分脸背嘉禾银圆上袁世凯造像不准而要求重新雕刻币模，他在获准后，亲自为袁世凯拍照，并以此样照为准，重新雕刻了袁世凯中华民国三年壹圆银圆币模。该币被确定为新国币进行铸制，并于1914年12月24日正式发行。由于其铸制量及发行量巨大，故渐为全国商民所接受。为庆祝此币的正式铸制和发行，乔治又在此币模基础上亲自签名，制作了数千枚袁世凯中华民国三年背嘉禾壹圆签字版银圆，赠送给政府官员、名流商贾以资纪念，后因战乱频繁，大部分散落民间。

　　袁世凯中华民国三年背嘉禾壹圆签字版银圆的防伪细节特征非常奇妙：首先，该币在袁像右侧有一行英文字母"L. GIORGI"，是意大利雕刻师鲁尔治·乔治的缩写签名。其英文签字紧贴齿廓，签字长度约为4个齿格的长度，且英文首字母"L"比其他字母要大。其次，该币的正面"华"字的两横，起笔比普通"袁大头"粗壮。再次，该币环形齿廓上隐约有一个内环（每个齿仿佛被压了一半，所有齿均匀地形成了一个内环）。此外，该币的人物头像非常清晰深峻，特别是人物眼睛嵌有玻璃球似的，富有神韵，栩栩如生；其毛发、耳廓明晰精细，图像有凸出感、立体感和丰满感，内齿、边齿铸造精湛规整，细节完美，背面嘉禾颗粒饱满，布局均匀，丰富生动。

　　袁世凯中华民国三年背嘉禾壹圆签字版可细分为粗签版（英文签字比较粗大）和细签版（英文签字比较细小）。

　　袁世凯中华民国三年背嘉禾壹圆签字版银圆铸量稀少，存世极罕，加之其签字出自名家之手，为著名意大利雕刻师鲁尔治·乔治袁像系列银圆设计中的代表之作，设计精美，制作精湛，具有难以仿造的防伪细节特征，故成为钱币收藏界历来所追捧的币珍明星。

袁世凯民国三年背嘉禾壹圆签字版银圆粗签版（作者个人珍藏）

袁世凯民国三年背嘉禾壹圆签字版银圆细签版（作者个人珍藏）

33. 银圆瑰宝铸行鲜为人知的内幕——袁世凯中华民国共和纪念币背嘉禾壹圆银圆解密

袁世凯中华民国共和纪念币背嘉禾壹圆银圆是民国银圆名珍之一，其精美的设计、精湛的铸工令世人叹为观止，但该币在铸制过程中有个鲜为人知的内幕，颇具意味。

民国三年，袁世凯正式就任中华民国大总统。他虽然表面上承认共和体制，但内心却做着复辟帝制的"美梦"。为此，他做足表面文章。在统一币制后，袁世凯决定铸制发行纪念币，表面上是为了庆祝中华民国共和体制的诞生，实际上是为了把自己的头像刻在广泛流通的银币之上，提升自己的知名度与权威性，企图流芳百世，永世纪念。天津造币厂接受铸制任务后，仍然让著名的意大利雕刻师鲁尔治·乔治雕刻币模。

乔治承接后，吸取了以往雕刻袁世凯民国三年七分脸银圆时头像不准确的教训，着手开展了认真的设计准备。他认为结合过去所有雕刻着袁世凯头像的银圆来看，唯一缺的就是袁世凯戴帽戎装照头像了。为此，他在袁世凯众多照片中，特意挑选了一张袁世凯戴高缨帽戎装照的头像作为样照，开始了精心的构思设计。最后，乔治雕刻出一个"面袁世凯，大元帅服，鹭羽冠，大勋章，九分正面及胸像，面稍左侧，背中壹圆二字，辅以嘉禾，上中华民国共和纪念币九字，左右隔二花纹，下英文一圆，面背边皆联珠纹"的币模，非常精美。

乔治十分满意这个作品，一时兴起，就在袁世凯九分脸头像下雕刻上自己的签名，并试铸了部分银圆（此即袁世凯中华民国共和纪念币背嘉禾壹圆签字版银圆），一部分送审，一部分赠予有关官员商贾留念。谁知该样币送审后，财政部官员认为币面头像虽然是袁世凯，但在其头像下有雕刻师鲁尔治·乔治的签名"L.GIORGI"，于是就认为该币如果流传后世，后人一定会误以为银圆上的头像是雕刻师鲁尔治·乔治而不是袁世凯，故要求乔治重雕币模。

乔治在签字版原模上去名改刻，最终雕成了袁世凯中华民国共和纪念币背嘉禾壹圆银圆样币。该样币经审批获准后，由天津造币厂铸制了5万枚银圆并正式发行。

袁世凯中华民国共和纪念币背嘉禾壹圆签字版银圆（作者个人珍藏）

当时，封建帝制被推翻，共和体制的观念已经深入人心，加之此币又出自名家之手，设计精美，制作精良，具有极高的历史纪念意义和审美价值，故该币发行后立即受到了中国商民的热烈欢迎。发行没多久，纪念币就被抢购一空。1919 年，天津造币厂又补制了一万枚袁世凯中华民国共和纪念币背嘉禾壹圆银圆。由于当时规定未经批准是不能再铸制银圆的，故天津造币厂未经报财政部审批，就暗中让该币随"袁大头"银圆流通币一同发行。

　　而最早留赠有关官员商贾的袁世凯中华民国共和纪念币背嘉禾壹圆签字版银圆，由于各种原因，也有部分流入民间。

　　一百多年过去了，袁世凯中华民国共和纪念币背嘉禾壹圆银圆及其签字版虽然亦有部分散落民间，但因民国战乱频繁，目前存世极罕，故成为钱币收藏界著名的银圆瑰宝，尤其是出自名家之手的签字版，更为珍罕。

袁世凯中华民国共和纪念币背嘉禾壹圆银圆（作者个人珍藏）

34. 名师银圆绝版之作的历史内幕——袁世凯中华帝国洪宪纪元飞龙纪念币银圆解密

在钱币收藏界，袁世凯中华帝国洪宪纪元飞龙纪念币银圆素负盛名，是民国银圆家族中的名珍之一。这枚小小的银圆是意大利著名雕刻师鲁尔治·乔治袁像系列银圆的"收官之作"，而且它见证了袁世凯那段颇不光彩的复辟称帝以及人民奋起反抗的历史，故殊为珍罕。

袁世凯中华帝国洪宪纪元飞龙纪念币银圆（作者个人珍藏）

袁世凯一直存着复辟帝制的野心，起初还做做表面文章，但最终，他的狼子野心还是暴露了。民国四年（1915）十二月十二日，袁世凯宣布接受帝位，复辟帝制，废除共和政体，改中华民国为中华帝国，废除民国纪年，改民国五年（1916）为洪宪元年，同时改总统府为新华宫，开始大肆封官赐爵。为庆祝自己即将"加冕登基"，袁世凯决定铸制发行中华帝国洪宪纪元飞龙纪念币银圆，并刻铸上自己的头像。

该币由著名雕刻师鲁尔治·乔治雕制币模，并由天津造币厂铸制。乔治是一位注重艺术、不问政治的外籍币模雕刻师,他知道袁世凯登基做皇帝之事非同小可,但想不到这款飞龙纪念币竟是自己袁像系列银圆设计中的最后一款。他非常精心地设计了这款袁世凯中华帝国洪宪纪元飞龙纪念币银圆。

该币正面为袁世凯九分脸正面像及胸像,面部稍向左侧。袁世凯身着大元帅服,头戴鹭羽高缨冠,胸前佩戴大勋章。背面中央为飞龙图案,上面镌"中华帝国"四字,下面镌"洪宪纪元"四字;飞龙有两翼,颇有西洋文化风格色彩;飞龙一爪持定南针,天子当阳意也,一爪持五箭,五族一统意也。该币虽然有中西文化之融合,但总体设计带有明显的帝王色彩,从艺术角度来说,其设计独特,尤为精美。

袁世凯中华帝国洪宪纪元飞龙纪念币银圆铸制发行后,由于他背叛共和、复辟帝制,倒行逆施的行为立刻激起了全国人民的公愤,一时间,反帝制运动席卷全国。1915 年 12 月 25 日,唐继尧、蔡锷、李烈钧在云南宣布独立,讨伐背叛共和的袁世凯,护国战争爆发。袁世凯称帝的丑行使得北洋统治集团分崩离析,西方列强也表达了反对袁世凯称帝的立场。袁世凯众叛亲离,内外交困,在一片反对声中,被迫于 1916 年 3 月 22 日宣布取消帝制。袁世凯共做了 83 天没有正式登基的皇帝梦,并于宣布取消帝制两个多月后的 1916 年 6 月 6 日病死。洪宪飞龙纪念币即停止铸制发行,并收回熔毁。

袁世凯中华帝国洪宪纪元飞龙纪念币银圆不仅铸量稀少,存世极罕,是见证袁世凯复辟帝制之美梦破灭的一个重要实物资料,也是记载中国近代史上反抗封建帝制、恢复民主共和惊天动地伟大历史的一个见证物,具有深远的历史研究意义,而且由于其设计精美独特,是著名雕刻师鲁尔治·乔治袁像系列的"收官之作"，为民国初期机制币银圆中的典型代表作之一，收藏价值极高，故成为钱币收藏界极为珍视的银圆瑰宝。

35. 一枚银圆珍品历史渊源及其防伪暗记——袁世凯民国三年甘肃加字版银圆解密

袁世凯民国三年甘肃加字版银圆是甘肃造币厂于民国十九年（1930）为冯玉祥西北军所铸制的专用军饷币，铸量稀少，存世极罕，是中国近代银圆珍品。

据史料记载，甘肃造币厂始办于刘郁芬主甘时期，厂址在兰州旧举院（今兰州市第二人民医院）。建厂的原因主要有二：一是冯玉祥麾下刘郁芬部国民军入甘，驱逐原主甘的孔繁锦后，孔繁锦设在天水的铸造铜圆的造币厂尚有一批机器设备可用；二是1928年挖掘出马廷骧、马廷贤窖藏的白银二百多万两。建厂的主要目的是铸制银圆，以济军用。

当时甘肃造币厂所铸制的银圆，并没有标明系甘肃制造，而是冒用其他牌子，以企鱼目混珠。铸制得最多的是袁世凯民国三年银圆（即俗谓之"袁大头"），另外，还铸制了一部分有孙中山头像的银圆。袁世凯民国三年银圆不但在甘肃省内流通，而且还流通于省外。孙中山像的银圆，则在国民军东下时被带走了，没有在甘肃省内流通。

1930年4月初，冯玉祥在潼关联合太原的军阀阎锡山、桂林的军阀李宗仁逼蒋介石下野，爆发了蒋、冯、阎、桂中原大战。由于大战激烈，急需军饷，故甘肃造币厂根据命令铸制了专用军饷——袁世凯民国三年甘肃加字版银圆。鉴于军情紧急，加之为军用币的专铸，故当时担任造币厂监督的邓隆指示技术工人陈发坤沿用袁世凯民国三年开口贝银圆的旧模，在正面袁像左右加铸"甘肃"两字，以示军地区别，并仅铸制数万枚银圆，充作冯玉祥军队的专用军饷，以解燃眉之急，但该币终因流通不畅，不久即停铸，仅有部分流入民间，存世极罕，尤其该币加铸地名"甘肃"，非常之特殊，故殊为珍贵。

袁世凯民国三年甘肃加字版银圆（作者个人珍藏）

甘肃造币厂所铸制银圆，为江西籍技术工人陈发坤设计刻模，不仅技术高明，工艺精湛，而且大多有防伪暗记设计。袁世凯民国三年甘肃加字版银圆亦不例外。该币图文精美，成色能够或接近达标。其防伪暗记主要体现在以下四个方面：一是该币正面袁像两侧加铸的"甘肃"两字中左侧"肃"字略向左歪斜；二是币背面"壹"字有些笔横有剪刀口；三是"圆"字方框中"贝"部左上方有一小银点；四是该币背面"圆"字的"开口贝"特征，其"贝"部下面的一撇和一点没有连接，形成一个小缺口。

36. 戴帽版和脱帽版银圆名珍由来——黎元洪开国纪念币壹圆银圆解密

黎元洪开国纪念币壹圆银圆有两种版别，即戴帽版和脱帽版，且在拍卖市场风头正劲，不仅屡屡成交，而且价格亦是水涨船高，为民国银圆名珍之一。然而，该币为什么会有戴帽版和脱帽版两种版别？戴帽版为什么穿的是新军军服且戴军帽？

黎元洪开国纪念币壹圆银圆戴帽版（作者个人珍藏）

黎元洪开国纪念币壹圆银圆脱帽版（作者个人珍藏）

黎元洪，字宋卿，出身湖北黄陂，人称"黎黄陂"。他早年支持革命党人。民国元年（1912）一月，黎元洪被选为中华民国临时副总统兼领鄂督；民国二年（1913）十月，正式就任民国政府副总统兼鄂督；民国五年（1916）六月，袁世凯死后，黎元洪继任大总统，但不久，拥有实权的国务总理、皖系军阀段祺瑞就利用张勋将其驱走，由徐世昌担任总统；民国十一年（1922）六月，在直系军阀曹锟、吴佩孚的支持下，黎元洪复任总统，次年初又被迫下野。

黎元洪开国纪念币壹圆银圆的两种版别，前人多认为是民国元年由湖北（武昌）造币厂铸制并发行的，但也有人认为是民国五年黎元洪就职民国大总统后由湖北（武昌）造币厂铸造并发行的。究竟哪一种说法比较准确呢？

根据史料考证，黎元洪开国纪念币壹圆银圆于民国元年由湖北（武昌）造币厂铸制并发行的说法是不正确的，因为那时民国的大总统是由袁世凯担任的，而黎元洪仅为副总统，造币厂不可能为副总统铸制开国纪念币。只有在黎元洪接任民国大总统后，为其庆祝而由湖北（武昌）造币厂铸制并发行，这种解释才是合理的。

此外，清末与民国交替时期，北洋军阀穿新军军服打仗是常有的事，而且这些戎装大都仿造日式、德式、英式等，五花八门，不足为奇，只不过作为总统，穿着新军军服出现在开国纪念币上，似乎又于礼不合，有损形象，故黎元洪开国纪念币壹圆银圆戴帽版于民国五年六月由湖北（武昌）造币厂铸制发行并发现错误后迅即被收回熔毁，重新改刻铸制了黎元洪开国纪念币壹圆银圆脱帽版。

由于戴帽版铸制量少，且发行时间极短就被收回熔铸，存世极罕，故此币相较于脱帽版更为珍稀。当时担任天津造币总厂厂长的李伯琦在《中国纪念币考》手稿中提到黎元洪开国纪念币时指出："湖北造币厂发行黎元洪肖像之开国纪念币，后以容貌欠佳改刻。"这段话可以进一步佐证黎元洪开国纪念币有两种版别的史实，亦说明了黎元洪开国纪念币壹圆银圆戴帽版和脱帽版两种版别之由来。

37. 从穷书生到总统的人生缩影——徐世昌"仁寿同登"纪念币银圆解密

徐世昌"仁寿同登"纪念币银圆是拍卖市场中的常客，价值不菲。该币之所以成为钱币收藏界的银圆珍品之一，不仅仅由于其设计制作上的精美，更为重要的是这枚小小的银圆镌刻了一名穷书生最终登上民国大总统宝座的人生缩影。

徐世昌"仁寿同登"纪念币银圆无加字版（作者个人珍藏）

徐世昌（1855—1939），出生于河南省汲县（今卫辉市）。徐世昌青年时认识并跟从了袁世凯，并在早年成为袁世凯坚定的支持者，所以随着袁世凯的发迹，他也平步青云，最终于民国七年（1918）被选为民国大总统。

徐世昌嚼古好文，被人称为"文治"总统，一向以儒家传统的"修身、齐家、治国、平天下"人生境界为最高目标。在这样的背景下，民国十年（1921）九月，为庆祝徐世昌67岁寿辰及纪念执政三周年，天津造币厂开铸了一款纪念币银圆，取名"仁寿同登"，喻示"仁心仁政同寿，国运长久"，铸量不多。该币设计非常精美巧妙，在一个小小珠圈内雕刻了一幅人们登门贺寿的小图景，图案活灵活现，细节生动，使人如临其境，仿佛凝结了一个珍贵的历史缩影。

徐世昌"仁寿同登"纪念币银圆共计两个版别，即加字版与无加字版，后者比之前者更为珍贵。据说，原来该款纪念币是做礼品用的，故在银圆上为受赠人预留了空白位置以打制"纪念币"字样，即无加字版。后来觉得在预留空白位置打制字样会使图案受损、使银圆变得扁平，故就在原有的无字钢模上统一刻制"纪念币"字样，制作出的银圆也就被称为加字版。

38. 蕴含奥妙文化的币珍明星——中华民国十二年造龙凤纪念币银圆解密

在钱币收藏界所记载的钱谱中，有一款有别于中国传统龙图币、人像币的银圆，即中华民国十二年造龙凤纪念币银圆。该币设计风格精美独特，且意蕴丰富，为中国近代机制币银圆的杰出代表。

中华民国十二年造龙凤纪念币银圆图案设计源于鲁迅、许寿裳、钱稻孙同拟民国国徽的设计图。民国元年（1912）五月，鲁迅先生任北洋政府教育部社会教育局第一科科长，奉命与许寿裳、钱稻孙同拟民国国徽。三人共同研究设计了一幅古为今用的"十二章纹"。"十二章纹"即日、月、星辰、山、龙、华虫、宗彝、藻、火、粉米、黼、黻。

民国二年（1913）二月，《教育部编纂处月刊》刊载了《致国务院国徽拟图说明书》。文中对国徽设计做了阐释，并附设计图，大意为图案中西合璧，基于中国古代制服的十二章花纹，采用了西方纹章结构和中国传统之十二章图案。该图案含日、月、星辰、山、龙、华虫、宗彝、藻、火、粉米、黼、黻等十二种祥瑞物，喻示天意、稳固、变革、美丽、孝德、清洁、光明、休养、决断、明察等国运长久之寓意。

后来，由于袁世凯背叛民国共和制，妄冀帝制，为全国人民所反对和唾弃，故舆论力主流通银圆废用"袁大头"图案。基于鲁迅先生等三人设计图案新颖独特，天津造币厂于民国十二年（1923）决定改用"十二章"国徽图制版，开始试铸中华民国十二年造龙凤纪念币银圆。但试铸版银圆刚出来，北洋政府即认为该图案封建帝制色彩过于浓厚，故没有进入量产阶段。

中华民国十二年造龙凤纪念币银圆大字版（作者个人珍藏）

中华民国十二年造龙凤纪念币银圆版别有大字版、小字版，其正面中间为十二章图案，上沿刻"中华民国十二年造"八字，背面两侧为嘉禾，中间竖写"壹圆"字样。该币由于设计风格精美独特，文化意涵丰富精妙，加之为铸量稀少、存世极罕的试铸币，故成为钱币收藏界冉冉升起的银圆明星。

39.在藏家心目中占据极高地位的军阀币——褚玉璞中华民国十六年四月七日周年纪念章银圆解密

大凡民国军阀头像类银圆，主人公都是袁世凯、徐世昌、黎元洪等，但褚玉璞仅仅是直隶军务督办兼直隶省长，却把自己的头像也铸在纪念章银圆上，与"大人物"比肩，这是前所未有的，不得不令人暗暗称奇。而且如今，只要褚玉璞的纪念章银圆在拍场一出现，就立刻会引起藏家的高度关注，拍价亦越来越高，甚至在钱币收藏界有"清朝到长须龙，民国到褚玉璞"一说，可见褚玉璞纪念章银圆在藏家心目中的价值之高。

但是，褚玉璞纪念章银圆为什么在藏家心目中占据如此高的地位呢？

褚玉璞（1887—1929），字蕴山，山东省汶上县人，中华民国时期奉系军阀头目。他1913年8月率数百名土匪投靠军阀冯国璋的张宗昌部，并随袁世凯镇压国民党发动的二次革命。1921年，褚玉璞和张宗昌转投奉系军阀张作霖。此后，历任第三混成旅第五十团团长、第二十八混成旅旅长。1926年，任直鲁联军第一军副军长兼前敌总指挥，击败冯玉祥的国民军，被任命为直隶军务督办兼直隶省长。1928年，奉系军阀在同北伐军作战中败北，褚玉璞自此下野。此后，褚玉璞在山东胶东一带活动，企图东山再起。1929年，褚玉璞被刘珍年抓获枪杀。

　　褚玉璞担任直隶军务督办兼直隶省长，集军政大权于一身，成为割据一方的实力派枭雄，可谓是他人生的顶峰。为讨好这位实权人物，民国十六年（1927）四月七日，在褚玉璞就职届满周年时，天津造币厂特意为他精铸了就职一周年纪念银圆，亦称纪念章，即褚玉璞中华民国十六年四月七日周年纪念章银圆，使褚玉璞一下子成为与袁世凯、徐世昌、张作霖、黎元洪等比肩的公众大人物。由于当时民国实行的经济政策使得经济恶化，故该纪念章银圆发行的数量颇少，是存世极罕的军阀币，为民国银圆名珍之一，具有极高的收藏价值。

褚玉璞中华民国十六年四月七日周年纪念章银圆（作者个人珍藏）

40. 隐匿在银圆名珍背后的阴谋——张作霖民国十五年陆海军大元帅纪念币银圆解密

一般来说，纪念币按照惯例发行了之后，在之后的第二年和第三年是不会再发行了，但是在所有民国纪念币发行系列里，张作霖系列纪念币能够在民国十五年、十六年、十七年连续三年铸制发行，这在中国近代机制币银圆发展史上的确是绝无仅有的独特现象，有违常理，亦成为近代纪念币银圆发行史上一个历史谜案。

张作霖，字雨亭，奉天人。他从绿林起步，一直做到了奉天督军、东三省巡阅使，手握雄兵三十万，号称"东北王"，为北洋军奉系首领，最后在北京以安国军总司令的身份就职为北洋军政府陆海军大元帅，代表中华民国行使统治权，并组成北洋军阀统治时期第 32 届也是最后一届内阁，成为北洋军政权最后一个统治者。因他抵制日本吞并东北、统治中国的侵略野心，故于 1928 年 6 月 4 日在皇姑屯被日本人用炸弹暗杀。

张作霖民国十五年陆海军大元帅纪念币银圆见证了日本帝国主义妄图进一步侵略中国的狼子野心和可耻行径。日本早有侵略吞并中国的野心，雄踞东北的军阀大枭雄张作霖就成为日本在东北势力扩张的最大障碍。日本人对张作霖是软硬兼施，又打又拉，必欲将其控制在手中，使其俯首听命。张作霖则出于国内反日情绪日增的压力与自身利益等多方面考虑，与日本人虚与委蛇，必欲摆脱日本人控制而独立。其间，日本人根据大批在华间谍收集的情报进行分析评估预测，认为张作霖有上台为陆海军大元帅并掌权北洋政府大权的趋向，于是就采取"软"的一手，于民国十五年（1926）

委托中国某造币厂（具体厂名不详，有可能为天津造币厂）设计铸制了张作霖民国十五年陆海军大元帅纪念币银圆，以拉拢张作霖，为张作霖上台制造舆论。但由于日本错估了时局发展，以致张作霖尚未上台，此币就先行铸成发行。

张作霖民国十五年陆海军大元帅纪念币银圆（作者个人珍藏）

从此款纪念币设计来看，其币背面的芒日嘉禾图案非常奇特，因芒日图从未在中国银圆上出现过。其实，该币带有明显的日本东洋文化标记。因为日本从明治三年以来所铸的龙银背面都是芒日图。日本将芒日图与中国传统的嘉禾图放在一起，成为芒日照嘉禾图，可见日本侵略中国的狼子野心。

从艺术角度说，张作霖民国十五年陆海军大元帅纪念币银圆带有鲜明的日本东洋文化设计风格，十分特别，且制作精美；从历史角度说，此币是中国近代史上日本侵略中国狼子野心的实物见证，具有极高的历史研究价值，加之铸制发行量稀少，故为民国银圆名珍之一。

41. 彰显中华民族气节的银圆名珍——张作霖民国十六年龙凤纪念币银圆解密

在民国珍稀类品种银圆中，张作霖民国十六年龙凤纪念币银圆是一款彰显中华民族气节的银圆名珍。

张作霖民国十六年龙凤纪念币银圆（作者个人珍藏）

"东北王"张作霖在主政东北时，不屈服于虎视东北的日本人，在政治谈判或商谈中，经常同日本人虚与委蛇，巧妙周旋应对，使日本人捞不到实惠。为此，日本人也非常恼火，软硬兼施，企图逼张作霖就范。如张作霖民国十五年陆海军大元帅纪念币银圆，就是日本人采取"软"招的一个历史见证物。

民国十六年（1927）六月十八日，张作霖在北京就任北洋军政府陆海军大元帅，代表中华民国行使统治权，并组成北洋军阀统治时期第32届也是最后一届内阁，成为北洋军政权最后一个统治者。

为庆祝张作霖成为国家最高统治者，由北洋军阀势力控制的天津造币厂就铸制发行了张作霖民国十六年龙凤纪念币银圆。细观此币，其背面出现的是颇具中国传统文化特色的龙凤十二章图案，像日本人铸制的民国十五年纪念币那种带有鲜明的日本东洋文化，喻示日本吞并东北、统治中国侵略野心的芒日照嘉禾图案已经不见了，这就暗示了张作霖摆脱日本人控制的决心。

张作霖民国十六年龙凤纪念币银圆不仅设计制作精美，具有深厚的中国传统文化特色，彰显中华民族气节，而且是日本与中国吞并与反吞并、侵略与反侵略斗争的历史见证实物，极具审美价值、文化价值和历史研究价值，加之铸制发行量稀少，故为民国银圆名珍之一。

42. 爱国与革命交相辉映的双旗币——张作霖民国十七年大元帅纪念币银圆解密

纪念币一般是针对重要人物或者重大事件而发行的，但张作霖纪念币在民国十五年、十六年连续发行之后，为什么在民国十七年又发行了纪念币？那一年究竟发生了什么重大事件呢？

民国十七年（1928）是"东北王"张作霖内外交困的一年。一方面，以蒋介石为首的南京国民政府军队从四月起对张作霖的军队发起了第二次北伐进攻，并取得了胜利，正步步逼近京津地区，迫使大势已去的张作霖不得不发出"出关通电"，宣布退出北京；另一方面，则是日本乘机向张作霖勒索"满蒙"的权益，并不断采取措施加紧了逼张行动，使张作霖彻底陷入孤立无援的绝境，为此，张作霖下定决心返回东北。

由于张作霖为维护民族利益，对日本侵占东北的行径采取了虚与委蛇地周旋和针锋相对地抵制的策略，所以日本方面认为张作霖是其吞并东北、统治中国侵略计划的拦路虎，最终决定对其实施暗杀活动，制造了震惊中外的"皇姑屯事件"。

民国十七年（1928）六月三日，张作霖的专列从北京出发，次日凌晨5时许，当列车行至奉天西皇姑屯车站，穿过京奉铁路和南满铁路交叉点的三洞桥时，忽然一声巨响，铁桥被日本关东军所埋的炸药炸塌，张作霖所乘车厢被压得粉碎。前来迎张的官员亦当场丧命。张作霖身受重伤，被救回帅府后不久便死去。

张作霖离世后，东北当局秘不发丧，待张作霖儿子张学良接任后，才将"皇姑屯事件"公布中外，处理善后。

为纪念张作霖维护中国东北和民族利益所做出的贡献，东北当局就委托天津造币厂铸制并发行了张作霖民国十七年大元帅纪念币银圆。民国十七年（1928）十二月二十九日，张学良宣布"东北易帜"，服从国民政府领导。

张作霖民国十七年大元帅纪念币银圆（作者个人珍藏）

其实，从设计角度来看，张作霖民国十七年大元帅纪念币银圆背面的双旗图（一面为中华民国政府的法定国旗五色旗，一面为辛亥革命旗帜的十八星旗）已经鲜明地喻示了张作霖归顺国民政府的意愿。

张作霖民国十七年大元帅纪念币银圆不仅设计制作精美，而且带有鲜明的辛亥革命和民主共和的理念，是中国近代史上反吞并、反侵略斗争重大历史事件的见证物，极具审美价值和历史研究价值，加之铸制发行量稀少，故为民国银圆名珍之一。

43. 设计创意独绝的"汽车币"名珍传奇——民国十七年贵州汽车银币七钱二分银圆解密

民国十七年贵州汽车银币七钱二分银圆俗称"汽车币"，因其独绝创意设计及传奇色彩而成为中国近代机制币史上颇有名气的银圆名珍。

民国十七年贵州汽车银币七钱二分银圆二叶草版（作者个人珍藏）

此币与二十世纪二三十年代曾在贵州主政的军阀周西成颇有渊源。周西成为贵州桐梓县人，贵州讲武堂出身。1926年6月，周西成任贵州省政府主席，并兼任国民革命军第二十五军（黔军）军长，总揽了贵州军政大权。由于连年军阀混战，加上交通闭塞，当时贵州贫穷凋敝，全省每年的财政收入仅几百万银圆。

为改善财政，整顿金融，周西成令人把造币机具搬迁于贵阳城外南郊，设立了贵阳造币厂，同时为彻底改善贵阳的交通运输条件，发展经济，他委托工程师托德和一位曾在美国福特汽车公司受训的王姓中国工程师负责实施公路建设。民国十七年（1928），一条以贵阳为中心，西起安顺、北至桐梓的公路正式竣工。为表彰贵州首建公路，周西成命贵阳造币厂设计制作了50000枚民国十七年贵州汽车银币七钱二分银圆，以资纪念，但当时实际仅发行了38000枚。

此币正面中央环铸"贵州银币"四字，四字中心镌芙蓉花图案，外圈上为"中华民国十七年"字样，下为"壹圆"字样；背面珠圈内镌刻的是在草地上行驶的汽车图案，珠圈外上端镌"贵州省政府造"，下端镌"七钱二分"字样。

与当时流通银圆不同的是，该币设计创意独绝：一是汽车图案设计独出心裁。汽车图案的原形经老爷车专家考证，确认为1925年生产的哈德生牌软顶汽车。把汽车当作银圆主图，是近代银圆中绝无仅有的，乃至也是世界上唯一一个以汽车为主图的空前绝后的流通银圆，它与以龙为主图的大清银币、以人物为主图的近代银圆相比，确是独出心裁，故而很受时人喜欢，不仅为喜爱车辆的玩家所珍视，更为热衷于收集银币的藏家所追捧。二是草叶及汽车轮胎图案设计富含新意。草地由28片草叶构成，喻示该币是1928年铸制发行的；汽车前后轮均为12根辐条，寓示一年有12个月，平安吉祥、如意发达。三是货币使用单位别具一格，即采用"圆"为正面货币单位，背面又使用已经废止了的清末货币单位"七钱二分"，这在民国银圆中也是仅见的现象。这种不伦不类的货币单位设计反映了周西成既具有与时俱进的金融理念，又带有深刻的封建烙印。四是"西成"暗记独具创意。汽车图案的草地中隐藏着由草叶构成的"西成"两字暗记，"西"字在右面，由七根青草组成；"成"字在左面，由六根青草组成，这是周西成的高明之处，既做了防伪暗记，又以这种方式使自己名留后世，完全不同于当时的人像币、船洋币，亦不同于清末的龙图币。

民国十七年贵州汽车银币七钱二分银圆有二叶草和三叶草两种版别。

44. 诠释北洋军阀一生的银圆——直隶都督张锡銮纪念牌银圆解密

直隶都督张锡銮纪念牌银圆在民国银圆中，是唯一一款用于奖赏将士的个人纪念物，意涵独特，存世极罕，诠释了张锡銮这个北洋军阀将领的一生。

张锡銮（1843—1922），字金波，又作金坡、金颇、今颇，浙江钱塘（今杭州）人，生于成都，民国时期著名的北洋军阀将领。幼时就在其父督导下习武，颇得家传，尤其酷爱好马，绰号"快马张"，以强悍著称，骑射功夫都很精绝。张锡銮与袁世凯私交甚笃。清同治初，他在湖北武昌从军，投效于广东嘉应州军务处。袁世凯复辟称帝时，张锡銮受封为一等伯，列名将军府，兼参政院参政。袁世凯死后，张锡銮即闲居天津。1922年4月，张锡銮调停直奉冲突，同年去世。

张锡銮治军方圆有度，他的治军手段中，最著名的就是按军功实施奖牌制度。1912年，他效法张献忠的"西王赏功"，报请袁世凯铸制一批纪念牌奖励有功将士。得到袁世凯的同意后，于1912年由沈阳造币厂负责铸制三个等级的直隶都督张锡銮纪念牌银圆，即头等纪念牌、二等纪念牌、无字纪念牌，材质分金、银、铜，由官方发行。因当时意大利雕刻师乔治在直隶，又聘请乔治进行监制，并在纪念牌上镌刻了乔治签字（但并非所有纪念牌均有 GIORGI 签字）。

用于奖赏将士的这种纪念牌是个人纪念物，发行量极为稀少，流通更是小范围，至今存世极罕，市场上难得一见，加之该纪念牌银圆铸制精美，在民国银圆中是唯一一款用于奖赏将士的个人纪念物，故为民国银圆的名珍之一，极具收藏价值和文物历史研究价值，其中以 GIORGI 签字版更为珍贵。

直隶都督张锡銮纪念牌银圆签字版（作者个人珍藏）

45. 珍币之谜——冯国璋戎装像纪念币壹圆型银圆解密

冯国璋戎装像纪念币壹圆型银圆在拍卖行和市面十分罕见，亦未被钱谱收录记载，知名度不高，人们知之甚少，在钱币收藏界，甚至被视作臆造币，收藏价值被严重低估。

冯国璋（1859—1919），字华甫，直隶河间（今属河北）人，是直系军阀的首领。他早年毕业于北洋武备学堂，曾任北洋步兵学堂总办兼督练营务处总办。光绪二十九年（1903），冯国璋任中央练兵处军学司正使，后历任统制和第一军总司令。辛亥革命时，冯国璋率领北洋军镇压武昌起义；后又镇压"二次革命"，坐镇东南。袁世凯称帝后，曾任命冯国璋为总参谋长，后来又让他代替段祺瑞兼理征滇总司令，但冯国璋均未上任。袁世凯死后，黎元洪继任大总统，经国会补选，冯国璋为副总统。随后不久，黎元洪与段祺瑞爆发"府院之争"。黎元洪辞职后，民国六年（1917），冯国璋进京任代理总统，这也是冯国璋人生最辉煌时刻。民国七年（1918），冯国璋辞去代理总统职务，并于民国八年（1919）返回河间故里，同年 12 月 28 日病逝。

作为民国代理大总统的直系军阀首领冯国璋，曾参与了诸如中日甲午战争、辛亥革命、清帝退位、二次革命、反袁称帝等重大历史事件，可以说是清末民初重要历史人物之一。但是，就是这样一位在中国近代史上举足轻重的人物，以他头像为主图设计铸制的纪念币的知名度竟远低于黎元洪、徐世昌、张作霖、褚玉璞等人的纪念币，其原因就在于该币未被钱谱所收录记载，甚至曾被视作臆造币，其收藏价值也自然被严重低估乃至无视。

实际上，通过研究考证，我们现在已经明确，"冯国璋戎装像纪念币壹圆型银圆为臆造币"这一说法是站不住脚的，此币在历史上是真实存在过的，而且在民国银圆系列中，它与黎元洪、徐世昌、张作霖、褚玉璞等纪念币一样，是一枚极为珍罕的纪念币银圆。

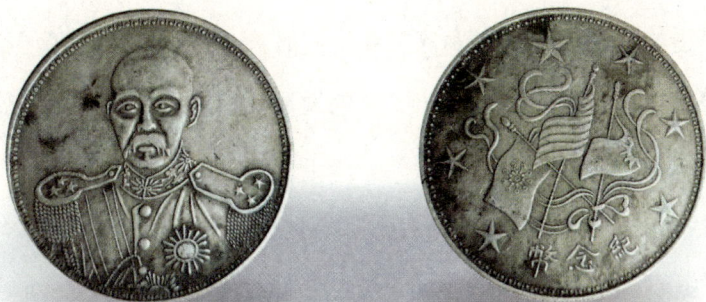

冯国璋戎装像纪念币壹圆型银圆（作者个人珍藏）

首先，看该币的图案。当时，钱币收藏界对此币的头像究竟是谁颇有争议，唯有该币壹角型的纪念币被个别钱谱所收录记载，但被称为"福建都督纪念银币"，而福建都督究竟是谁，钱谱中也没有说明。为此，通过查阅相关图片和资料，我们得知，近代史上，有名有姓的福建都督仅有孙道仁一人，但此人长相与该币的头像差异很大。后来，又查阅民国时期很多军阀的照片等相关图片资料，发现一款冯国璋着戎装的照片，无论其造型、着装、神韵等，均与此币头像极度相似，故此币头像应为冯国璋。

其次，再结合冯国璋个人经历查看史料。一般来说，民国时期的总统或者著名军阀首领在其人生辉煌时期，都会铸制纪念币来纪念。有人说，本来冯国璋作为代理大总统，也应该会铸制的，但由于当时正值军阀混战时期，且冯国璋就职时间较短，又为代理总统，故未发行任何流通钱币或者纪念币。

此说是有点道理的。但是，我们查阅到这样一段史料，大意为：民国五年（1916）十月，冯国璋被选为副总统；十一月在南京宣布就职，仍兼江苏督军。冯国璋就职副总统后，便在南京设立副总统办事机构，并以国家元首的姿态公开接见中外记者，大谈治国方略，在政治上颇为活跃。

民国六年（1917）年初，江苏商民鉴于冯国璋坐镇南京期间采取了一系列军事措施，在加强北洋军阀的统治同时，也在客观上保障了江苏社会秩序的稳定，促进了当地经济、文化的发展，有功于江苏，故集资为冯国璋竖立"丰碑"。

未几，江苏军界联合会闻知，亦自愿加入发起，改为建立冯公生祠，取冯国璋字中的"华"字，将生祠命名为"华园"，并拟铸造铜像。此事为冯国璋所闻，他"恐为人所讥议，立即致函辞谢"，谓："华园一事千万打消，如不能中断，请即改为劝工场，以利民生经济。"不久，本用于建华园和铸像之资金改用于建造贫民工厂和劝工场，此事一时传为美谈，为冯国璋增添了几分光彩。由此可以推论，冯国璋戎装像纪念币壹圆型银圆极有可能就是此一时期的纪念性产物。

根据以上史实，我们可以还原冯国璋戎装像纪念币壹圆型银圆铸制的历史背景：民国六年（1917），为纪念冯国璋坐镇南京，在客观上维护了南京当地的社会治安，经江苏商民和军界发动和倡议，南京造币厂试铸了一些冯国璋戎装像纪念币壹圆型银圆。但由于在当时正处在军阀混战时期，冯国璋既没时间、精力，亦没有好心情来铸制纪念币，加之为自己树立好名声起见，故婉拒了江苏商民和军界的好意，而冯国璋戎装像纪念币壹圆型银圆也就此停铸。由于该币是试铸币，未曾正式发行，当时试铸量肯定比较稀少，故未被钱谱所录。

所以，冯国璋戎装像纪念币壹圆型银圆不是臆造币，在历史上的确真实存在过。由于该币仅有试铸币，未曾发行，存世极罕，加之铸制精美，故是民国银圆中极为珍罕的纪念币银圆，具有极高的收藏价值和历史研究价值。

46. 见证近代中国第一部《宪法》诞生的银圆——湖南省宪成立纪念壹圆银圆解密

在中国近代机制币发展史上，有一款非常独特珍罕且极具历史研究价值和艺术收藏价值的纪念币银圆。随着它的版别之谜渐渐揭开，我们惊奇地看到了近代中国第一部《宪法》诞生的经过。

湖南省宪成立纪念壹圆银圆"三横"版（作者个人珍藏）
★注：币正面有点状流银现象。

它就是湖南省宪成立纪念壹圆纪念币银圆。

湖南省宪成立纪念壹圆为民国时期著名的珍稀类纪念币银圆精品，但奇怪的是同一纪念币竟有两种版别：一种是正面有嘉禾及三横的，简称"三横"版；另一种是正面铸有时任湘军总司令和湖南省省长赵恒惕头像的，简称"赵恒惕像"版，背面图案基本相同，均为双旗图（中华民国五色旗和铁血十八星旗）。对于同一纪念币的两种版别，钱币收藏界众说纷纭，主流观点是此币两种版别均出于赵恒惕主政期间。但问题的关键是一般纪念币银圆都只铸行一款版别，而此款纪念币银圆为什么会铸行两种版别呢？

民国十一年（1922），时任湘军总司令、代理督军的湘南军政首领、湖南军阀赵恒惕逼走原湖南督军兼湘军总司令谭延闿后，主张"联省自治"，并成立"制宪筹备处"，酝酿制定一部正式的省宪法交省议会决议。经过系列精心准备后,他于同年11月1日正式颁布了近代中国第一部省级宪法——《湖南省宪法》，不久又当选为湖南省省长。为纪念这一重要时刻，湖南造币厂在《湖南省宪法》颁布和赵恒惕当选省长之前，就已经着手准备，先设计铸制了若干枚正面有赵恒惕头像、背面有双旗图案的湖南省宪成立纪念壹圆"赵恒惕像"版纪念币银圆样币。但该币在审核过程中被赵恒惕否决了，其原因今人已不可确知，但据笔者推测，原因应有二：一是赵恒惕认为此纪念币不宜有自己头像出现，个人突出意味过重，与省宪精神不符。二是从赵恒惕个性特征来看，他特别重视"程序"。如他逼得谭延闿不得不将湘军总司令让给他时，却表示不愿"私相授受"，谭延闿只好召开长沙各军政要员、各机关首脑甚至各报馆、各公团联合会议，公开让职于他，赵恒惕这才算接受下来。赵恒惕正式公布《湖南省宪法》之日，命人以黄纸书写宪法全文，张贴在一个特制的亭子中，由军警开道，用八人大轿抬着游行市街。他还开放各个衙署，任人参观，"以示民主之意"。全省各机关团体和群众大庆三天。各地张灯结彩，宣传讲演省宪，并向全国各地发布通电宣言而使《湖南省宪法》为当地民众所熟知。由此可见，此人极重视"作秀"式的"名正言顺"，故不可能将自己的野心暴露于众目睽睽之下。综合以上几点原因，湖南造币厂就此废弃不用赵恒惕头像版，没有再铸制发行，而是在原银圆铸模上撤了正面赵恒惕头像图案，换上嘉禾及三横图案，并保留背面双旗图案，赶制了湖南省宪成立纪念壹圆"三横"版纪念币银圆样币，重新审核报批。由于该款"三横版"纪念币银圆既寓意民国十一年一月一日省宪成立日纪念意义，又喻示当时三湘（湘中、湘南、湘西）的"湖南自治"精神，而背面珠圈内为五色国旗和铁血十八星陆军军旗交叉，又象征了民主共和理念，故就顺利通过了审核。但该币铸制发行数量极其有限，据说湖南省四厅（民政、教育、财政、建设）三处（秘书、会计、保安）科长以上以及县政府科长及主任秘书以上才各颁赠一枚，以扩大省宪的影响。由于湖南省宪成立纪念壹圆银圆"赵恒惕像"版已经绝版，市场难觅，即或能见之，亦多为假币，故为民国银圆大珍；而"三横"版由于是湖南官方正式铸制发行的并见证近代中国制宪之先河，且铸量稀少，加之铸制精良，图案精美，存世极罕，故成为中国近代珍稀类银圆的精品，具有极高的文物历史研究价值和文化艺术收藏价值。

47. 设计奇妙的银圆明星——民国十五年孙中山正面像背嘉禾壹圆银圆（广东版）解密

民国十四年（1925）七月一日，中华民国第一届国民政府在广州成立后，鉴于当时市场上流通的依然是"袁大头"银圆，故在广泛征求意见的基础上，决定试铸孙中山正面头像银圆以取代"袁大头"银圆，并于民国十五年（1926）将币模交由广东造币厂和天津造币厂试铸民国十五年孙中山正面像背嘉禾壹圆银圆。亦可能是为北伐战争做经济准备。天津造币厂试铸的版别是由伯明翰造币厂雕模刻制的样币，并未发行；而广东版最终确定后铸制少量试发行。

民国十五年孙中山正面像背嘉禾壹圆银圆（广东版）（作者个人珍藏）

民国十五年孙中山正面像背嘉禾壹圆银圆（广东版）正面铸孙中山半身像，上缘铸"中华民国十五年"汉字楷书，背面中间铸"壹圆"两字，周围有两束嘉禾拱卫。

该币设计可谓美轮美奂，制作精湛。其人像采取正像高浮雕，非常有立体感和丰满感，人物双目炯炯有神，活灵活现，惟妙惟肖，其发丝细腻、精细可数，镜面平整光滑，内齿边齿规整，精美非凡。更令人称奇的是其独特的"大嘉禾"设计风格，可谓别具一格、独领风骚的绝版之作。背面以嘉禾图案环绕"壹圆"两字，稻禾叶片尤为硕大，其纹理丝丝清晰，芒尖细长锐利，颗粒饱满，曲直有致，线条流畅，有别于一般民国银圆的"小嘉禾"设计风格，甚至与同列为大珍系列的民国十八年孙中山正面像背嘉禾壹圆银圆的设计亦有所区别。极为奇绝的是其上方两束嘉禾芒尖端正地相对相接，气势磅礴，意蕴深长，颇具艺术冲击力和震撼力。更为巧妙的是该币在嘉禾上隐约体现的防伪暗记，其细节特征设计可谓匠心独运，精绝至奇。

民国十五年孙中山正面像背嘉禾壹圆银圆（广东版）以其独绝奇妙之设计被钱币收藏界誉为"银币十大珍""中国银币二十大珍""民国银圆十珍"之一等，具有极高的艺术审美价值，加之铸量稀少，存世极罕，是珍殊至极的银圆明星。

48.是拟发行流通币还是纪念币？——民国十六年孙像中山陵壹圆银圆解密

民国十六年孙像中山陵壹圆银圆为民国银币名珍之一，然而钱币收藏界对其性质颇有争议，主要有两种说法：第一种说法认为，从图案看，这一银圆是国民政府为纪念孙中山先生和复都南京而设计制作的带有纪念性质的银圆，而且由于国民政府刚刚复都南京，百废待兴，时间仓促，加之人力、物力有限，故铸量很少，仅供有关人士纪念之用。第二种说法则认为该币是南京国民政府为取代"袁大头"而试制拟发行流通的银圆，孙中山先生中山陵园设计方案选定，故以孙中山先生头像和中山陵园为图案设计银圆。但设计结果因孙中山先生头像图案"神态面貌更拟兴登堡而非孙中山先生"，故未被当局采纳，仅试制了少量银圆，俗称"中山陵币"。两种说法的共同点是认同该银圆币模由奥地利造币厂设计，并由南京造币厂试制。

那么，这两种说法究竟孰对孰错呢？

从设计角度来看，第一种说法应该是正确的。首先，该币正面图案除设计了孙中山头像外，背面还设计了南京中山陵图，故说明了该币是南京国民政府为纪念孙中山先生和复都南京而设计的纪念银圆，如果是拟发行流通币，按常理推断，中山陵图案设计似是不妥的。其次，该币背面铸有两棵松柏图案，既象征着孙中山先生"三民主义"精神永存和国民革命基业长青的双重意义，同时又代表了中山陵，而地平线上那一轮似要冉冉东升的旭日光芒四射的图案，则喻示了中国必将迎来光明，故其纪念特征意味更加浓重。更何况，国币的正式铸行，一般要在中央政府统一规范后才能进行，而国民政府是在民国十七年（1928）六月颁布《国币条例草案》后才正式开始试铸发行流通银圆的，民国十六年时尚无《国币条例草案》，且北伐战争亦未结束，故不可能开始铸造流通银圆。至于铸量稀少的原因，应该说第二种说法是比较有道理的，因为银圆的孙中山头像确实与实际有差距。另外，该币由奥地利造币厂设计雕模，并由南京造币厂试制这一两者一致的说法，应该是正确的。据资料记载，该币模具实际上是由以工艺精湛闻名的维也纳总雕刻师普拉特操刀雕刻的。

综上所述，民国十六年孙像中山陵壹圆银圆不是拟发行流通币，而应该是南京国民政府为纪念孙中山先生和复都南京而试制的带有纪念性质的银圆，由奥地利造币厂总雕刻师普拉特操刀雕刻模具，并由南京造币厂试制。由于该币币面的孙中山先生头像与实际不符，故除了少量试制银圆外，当局未予以采纳，更未大量铸制发行流通，是为钱币收藏界银圆名珍。

民国十六年孙像中山陵壹圆银圆（作者个人珍藏）

49. 璀璨夺目的银圆明珠——民国十八年孙中山正面像背嘉禾版和背地球版壹圆银圆解密

孙中山像民国十八年银圆在孙中山所有银圆系列中可谓版别众多繁杂，有船洋版、嘉禾版、地球版，其中，船洋版又可细分为美国版、英国版、日本版、维也纳（奥地利）版、意大利版（又可分为签字版和无签字版）；还可以根据币面头像位置分为正面版、侧面版等，真是令人眼花缭乱。在孙中山像民国十八年银圆版系中，最为璀璨夺目的明珠当属维也纳版、嘉禾版和地球版。那么为什么此三种版别会成为孙中山像民国十八年银圆版系中最为璀璨夺目的明珠呢？而且，孙中山像民国十八年银圆又为什么会出现如此众多繁杂的版别呢？

孙中山先生领导武昌起义，推翻了清王朝，创立了民主共和政权，是中国民主革命的伟大先驱者，三民主义的倡导者，可谓功勋卓著。

国民政府取得北伐战争胜利后，结束了旧中国军阀割据、混战的局面。为了统一铸币权和币制，以进一步加强和巩固中央集权政治经济等方面的建设，民国十七年（1928）六月，全国经济会通过了《国币条例草案》等有关币制的议案，正式决定停铸"袁大头"银圆，改以中华民国缔造者——"国父"孙中山先生头像为主币图案，并于民国十八年（1929）着手开启新国币的试铸。其间，涌现出一批以孙中山先生头像为银圆主图的版别繁杂的新国币设计方案。

孙中山像民国十八年银圆维也纳（奥地利）版由于其设计的独特性另文述说，本篇重点介绍孙中山像民国十八年银圆的嘉禾版和地球版。

民国十八年孙中山正面像背嘉禾版壹圆银圆（作者个人珍藏）

孙中山民国十八年银圆嘉禾版即民国十八年孙中山正面像背嘉禾版壹圆银圆，系民国十八年由天津造币厂铸制。该币被钱币收藏界称誉为"民国银圆十珍"之一、"银币十大珍"之一、"中国银币二十珍"之一等。整体观赏该币，其图文清晰，雕刻精细，富有立体感和丰满感，尤其人物形象双目炯炯有神，惟妙惟肖，内齿边齿规整，铸制精美。特别值得一提的是该币背面采用了"小嘉禾"图案设计，其线条流畅，谷穗飘逸，颗粒饱满；"壹圆"两字更是结体精致，刚劲有力，图文互衬，相得益彰，神韵流溢，确乎精美非凡，精湛绝妙。

民国十八年孙中山正面像背地球版壹圆银圆（作者个人珍藏）

孙中山民国十八年银圆地球版即民国十八年孙中山正面像背地球版壹圆银圆，名列"民国银圆十珍"之一，亦系民国十八年由天津造币厂铸制，当时在全国各地均有少量流通。该币正面中央镌孙中山着西服九分脸肖像，肖像上环镌银圆的铸制年份"中华民国十八年"七个汉字。银圆的背面镌国民党党旗和中华民国国旗，双旗交叉，由绶带索系，屹立于地球图案之上。双旗周边环镌中华民国的英文，银圆下端地球图案上镌币值"壹圆"二字。该币能赢得"民国银圆十珍"之一的桂冠，主要在于其独具风格之创意设计，尤其背面的地球双旗图案，既喻示积弱积贫的中国傲立于世界之巅的坚强意志，亦寄寓中国必将崛起屹立于世界强国之林的期盼，气势恢宏，立意高远，其图案瑰丽庄重之美妙，其工艺精细规整之精湛，确乎精美绝伦，出类拔萃。

　　民国十八年孙中山正面像背嘉禾版壹圆银圆和背地球版壹圆银圆由于铸量稀少，加之设计精美，制作精湛，故均为中国银圆大名誉品，为孙中山像民国十八年银圆版系中最璀璨夺目的明珠之一。

50. 一枚银圆大珍设计细节特征及其防伪明暗记——民国十八年孙中山正面像背三帆壹元银圆维也纳（奥地利）版解密

　　民国十八年孙中山正面像背三帆壹元银圆维也纳（奥地利）版亦称孙中山像民国十八年银圆维也纳（奥地利）版，系民国十八年由杭州造币厂铸制，其币模则为奥地利造币厂设计雕制。当时虽在全国各地均有流通，但铸量极少，加之其颇含深意的细节特征及具有高超水准的防伪明暗记设计，使该币成为"民国银圆十珍"之一、"中国银币二十大珍"之一，亦为孙中山像民国十八年银圆版系列中最璀璨夺目的明珠之一，殊为珍罕。

民国十八年孙中山正面像背三帆壹元银圆维也纳（奥地利）版
（作者个人珍藏）

观赏该币细节特征，发现其设计非常精妙。如该币背面的三帆船图案，其三帆象征孙中山先生的"三民主义"，而左帆帆杆上方有一面朝西飘扬的三角旗，说明海风自东向西吹，大船是向西航行的，喻示中华民国之政体是西方式的那种民主共和制。另外，那面三角旗尖端有一颗非常突兀的小圆实点，与船身上的"船眼"——一个小圆凹洞相对应，一凸一凹，一阳一阴，阴阳调和，喻示"三民主义"在中国顺风顺水、阴阳平衡，同时也喻示国家政体稳定、国运顺利昌隆。中间大帆上有一面四方旗，则代表"中华民国"国旗。大船上坐着三个人，中间一人手握五条缆绳，意喻孙中山先生以"三民主义"为政治纲领，以"五权宪法"为方针原则，开启中国民主共和的新纪元航程。另外，船帆无论是三角旗还是四方旗，都不在帆杆尖顶上，而且有下降之势，似乎意在纪念国父孙中山先生逝世四周年（孙中山先生因病于民国十四年即1925年逝世）。

此外，民国十八年孙中山正面像背三帆壹元银圆维也纳（奥地利）版还有多处明记或暗记的防伪设计。如背面"壹元"两字，其中"壹"字中间宝盖右侧的弯钩部分与下面的"豆"字相连，且"壹"字离海平面较近，而"元"字距海平面较远等，显得非常精妙。

51. 奇异珍稀的银圆——民国十八年孙像侧面三帆异版银圆解密

民国十八年孙像侧面三帆银圆于民国十八年由杭州造币厂铸制。由于其铸模分别由五个国家设计提供，所以其版别众多，包括美国版、英国版、日本版、奥地利版（包括孙像正面版和侧面版）、意大利版（包括无签字版和签字版）等五版七种币模。这些版别除银圆正面图文有细微差别外，主要差别体现在其背面三帆图案的水波纹上。但是，目前又发现了此种银圆一款奇异罕见的版别，其币正面图文与美国版相同，而其背面三帆图案的水波纹竟与奥地利版之孙像正面版的背面图文相同。

民国十八年孙像侧面三帆异版银圆（作者个人珍藏）

民国十八年孙像侧面美国版银圆的特征，从头像上看，人物有着浓重的八字胡，内耳廓呈弧状；从衣领上看，美版有右衣领侧线，弧形领角；从文字上看，美版正面"十八年"的"八"字比其他同类版别略大。这三点特征均与民国十八年孙像侧面异版银圆完全相同。

民国十八年孙中山正面像背三帆壹元银圆奥地利版
（作者个人珍藏）

另外，民国十八年孙中山正面像背三帆壹元银圆奥地利版背面的三帆图和水波纹图案则与民国十八年孙像侧面异版银圆完全相同。

那么，为什么该币会有如此奇异稀见的版别呢？

其实，这是银圆模配造成的一种异版。因为银圆铸造过程中，有一道配模的工序，我们亦可称之为模配。银圆的模配包括模初配和错混配。

所谓模初配，是指银圆币模版面的正面与背面经初配（银圆铸制时有上、下模和齿圈模在工作）试样后，查看是否适合，再进行调整，这是造币厂有意识的行为。如果合适，就确定用此模进行试铸或者正式铸制；如果不合适，就重新调整配对后再铸制。在模初配过程中，有时对整个币模的正面或者背面进行调整，有时只对币模部分图文进行修改调整，直至币模完美配对。正式确定铸模后，一般会对已经模初配的不适合试样银圆进行销毁，但有时也会有一小部分流入民间，最后进入收藏领域，这些独特版别简称"特版币"。

所谓错混配，就是造币厂工人在无意识中错配了不同的模具，把版面配错了或者配混了，造成了银圆的错版，这样生产出的银圆称为"错版币"。

银圆的特版和错版，均属于异版，这样就形成了一些罕见的独特版别现象，而且也因为罕见，未被钱谱收录记载。

国民政府取得北伐战争胜利后，结束了旧中国军阀割据、混战的局面。为了统一铸币权和币制，民国十七年（1928）六月，全国经济会议通过了《国币条例草案》等有关币制的议案，正式决定停铸"袁大头"银圆，改用中华民国缔造者——"国父"孙中山先生头像为主币图案，并于民国十八年委托英、美、意、奥、日五国造币厂刻铸币模，统一交由杭州造币厂进行新国币的试铸。在银圆试铸过程中，由于某种技术失误，导致了上述民国十八年孙像侧面三帆异版银圆的出现。

从收藏价值来说，银圆的异版多见于一些试铸的名币，基本绝版，大多未见钱谱收录记载，无论是在拍卖行还是在钱币市场，都几近绝迹，世所罕见，故尤其珍罕名贵，一币难求，收藏价值极高，可以说是收藏家梦寐以求的藏品。

52. "甘末尔计划"历史见证物的银圆——民国二十一年孙中山侧面像金本位币壹圆银圆（下三鸟）解密

民国二十一年孙中山侧面像金本位币壹圆银圆为银圆大名誉品，俗称"下三鸟币"，名列"民国银圆十珍"之一，系民国二十一年（1932）由上海中央造币厂铸制，为"甘末尔计划"实施的历史见证物。

随着北伐战争胜利，国民政府开始整顿、统一混乱的币制。民国十八年，确定上海造币厂为上海中央造币厂。同年二月，为建立一个完整的货币制度体系，特邀甘末尔等十几位美国财经专家来华，成立中国财政设计委员会，负责制定国民政府财政方案。

当年十一月，甘末尔主持该委员会向国民政府财政部提交《中国逐渐采行金本位币制法草案》，简称"甘末尔计划"。该计划的核心就是建议中国实行金本位币制。

民国二十年（1931），国民政府决定采用"甘末尔计划"，尝试推行金本位币制，并向美国费城造币厂定制整套金本位币钢模。民国二十一年（1932），钢模制成，交由上海中央造币厂开铸民国二十一年孙中山侧面像金本位币壹圆银圆，随即投放到市场上流通。然而，由于"甘末尔计划"不适应中国的国情，遭到了全国金融界质疑与反对，国民政府被迫决定放弃金本位币制的尝试，宣告"甘末尔计划"流产，于是民国二十一年孙中山侧面像金本位币壹圆银圆发行不久即停铸，故该币铸量稀少，存世极罕。

民国二十一年孙中山侧面像金本位币壹圆银圆（下三鸟）（作者个人珍藏）

民国二十一年孙中山侧面像金本位币壹圆银圆图案构思巧妙，设计精美。其正面铸孙中山先生侧面像，富有立体感和神韵。其背面的帆船似正扬帆起航，充满希冀；水面三只飞翔的海鸟则喻示孙中山先生"三民主义"

引导前进，而前方喷薄而出、光芒四射的旭日则象征中国必将迎来光明。

"甘末尔计划"虽然在中国经济史上昙花一现，但最终成就了民国二十一年孙中山侧面像金本位币壹圆银圆在钱币收藏界的大名誉品地位，确乎历史命运的选择。

53. 成为"废两改元""急先锋"的银圆——民国二十一年孙中山侧面像背帆船壹圆银圆（上三鸟）解密

民国二十一年孙中山侧面像背帆船壹圆银圆系银圆珍品之一，俗称"上三鸟币"，是国民政府实行银本位币制的产物和"废两改元"的"急先锋"。

民国二十一年（1932），国民政府采用"甘末尔计划"，推行金本位币制失败后，由于在币制制定上一时举棋不定，迟迟未能定案，故影响了国家金融活动和经济发展。此时，恰逢全球经济萧条，加之东北"九一八"、上海"一·二八"等事变频发，时局动荡，金融瘫痪，上海钱庄与银行纷纷要求以现金清账，造成银圆过剩，行情惨跌，同时由于银两使用的萎缩及银圆的普及，"废两"的各方阻力都在减少。当时，上海中央造币厂已初具规模化量产条件，只要银圆充足，实施后也不会影响市场资金的流通，于是官商"废两改元"呼声高涨，认识亦渐趋统一。在这种情势下，国民政府决定放弃金本位币制，确定银本位币制，实施"废两改元"，以统一国币铸制。

上海中央造币厂在停铸金本位币（"下三鸟币"）不久，就在此币币模基础上改模开铸民国二十一年孙中山侧面像背帆船壹圆银圆新国币。币正面原状不变，币背面将"金本位币"等字样去除，置"壹圆"二字于帆船两侧，再将位于水面的三只水鸟移至上方。三鸟翔翔空中，尤为醒目，且为此币所独有之特征，故钱币收藏界谓之"上三鸟币"。

民国二十一年孙中山侧面像背帆船壹圆银圆（上三鸟）（作者个人珍藏）

民国二十一年孙中山侧面像背帆船壹圆银圆正面图案为孙中山文装侧面像，人像上方为"中华民国二十一年"字样，背面图案为一艘双桅帆船行于海上，船上方有三只飞翔的海鸟，帆船右侧海面上镌海上日出和九条芒线图案，寓意"一帆风顺""旭日东升"，帆船两侧分铸"壹圆"两字。

民国二十一年孙中山侧面像背帆船壹圆银圆开铸时间实际上已经到了民国二十二年（1933），此年恰好是国民政府银本位币制和"废两改元"的正式实施时间，已经来不及再重新设计币模了，所以就匆匆将此币推出发行了。

据说该币发行不久，又遭到了商民的普遍质疑。原来，该币设计的初衷是为体现"三民主义引领中国扬帆出航，如旭日东升，前途光辉灿烂"之意，然而此时日本侵华，东北沦陷，上海激战，国人反日爱国情绪高涨，原本象征国民党党徽和前途光辉灿烂之日出图被理解为日军压境（因日本国旗即太阳旗）之意，船上方三只飞鸟被暗喻为日本轰炸机，又解说成东三省在"九一八"事变后被迫"飞离"中国。故此币被认为有辱国格，是不祥之兆。当时国民政府也感到"天上的飞鸟是外国人的徽记，凌驾于中国帆船之上"，确乎不妥，于是马上回收熔毁，并改版设计新图样，去掉旭日东升和三鸟图案，将币模正面"二十一年"改为"二十二年"，正式铸制发行。这就是新国币民国二十二年船洋的来历。

民国二十一年孙中山侧面像背帆船壹圆银圆铸行时间较短。据统计，该币共计生产了226万枚，除流入市面的5万枚左右外，其余的皆回炉熔毁，加之民国时期战乱频仍，故存世的更为稀少，是为珍罕。

54.红币觅踪——鄂豫皖省苏维埃政府工农银行一九三二年造壹圆银圆（中文版）解密

红币，是红军币的简称，是第二次国内革命战争时期红色金融的产物。红币包括纸币和银圆，其中有一种鄂豫皖省苏维埃政府工农银行一九三二年造壹圆银圆（中文版）由于版别多样，属于革命历史文物，故收藏价值极高，尤为珍罕。

1930年春，中国共产党领导红军鄂豫边、豫东南、皖西北统一建立了鄂豫皖革命根据地后，为巩固发展根据地的经济金融建设，抵制国民党对根据地的经济封锁，于1930年10月建立了鄂豫皖特区苏维埃银行；1932年1月，该银行与皖西北特区（道区）苏维埃银行合并，改称鄂豫皖省苏维埃银行，又称鄂豫皖省苏维埃工农银行，并在安徽金寨县建有皖西北苏维埃造币厂，铸制纸币和银圆，即红币。后来可能由于铸制银圆力量不够，赤南县（时属河南商城，今安徽金寨县汤家汇）苏维埃银行又聘请商城城关唐元昌等几名私人银匠铸造银圆。鄂豫皖省苏维埃政府工农银行一九三二年造壹圆银圆（中文版）就是此时期的产物。

据有关专家研究考证，此币目前发现已有四种版别，其共同点是该币正面中间均有"壹圆"二字，而且其背面图案也均相同，中间由镰刀、锤头、地球图案组成，周围环绕"全世界无产阶级联合起来啊"字样。不同的是，该币正面"壹圆"周围环绕的文字各有差别：（甲）"鄂豫皖省苏维埃银行一九三二年造"，系省苏维埃工农银行聘请银匠铸造；（乙）"鄂豫皖省苏维埃政府工农银行一九三二年造"，系皖西北苏维埃造币厂铸制；（丙）环绕的字与"乙"相同，系赤南县苏维埃银行聘请商城城关唐元昌等几名银匠铸造；（丁）环绕的字是"COBETGHNSHKB IPEB_一九三二年造"，铸造单位不详。

由上所述，鄂豫皖省苏维埃政府工农银行一九三二年造壹圆银圆（中文版）可归纳为两大类型：一类是苏维埃银行官方造币厂——皖西北造币厂铸制的，可以称作"官铸"银圆；另一类是苏维埃官方银行聘请私人银匠铸造的，可以称作"私铸"银圆。一般来说，苏维埃"官铸"的银圆由于设备较好、人才具备，相对而言，铸制出来的银圆质量也较好，图文清晰精致，凹凸分明，技艺精湛；而银匠"私铸"银圆由于设备简陋、人力有限，铸造出来的银圆图文较模糊、粗糙，凹凸感稍弱。

笔者珍藏的鄂豫皖省苏维埃政府工农银行一九三二年造壹圆银圆（中文版）实物，包浆自然鲜活、层次有序，且带有薄绿锈，应该为传世之物。且该币图文铸制清晰，凹凸有致，工艺精湛，亦应属红币中的精品。从细节方面看，该币正面"壹圆"环绕的文字刚劲有力，如"工农银行"的"行"字的双人旁的两条小撇，短促刚劲，干脆利落，一气呵成。综此观赏，该币可能为皖西北造币厂铸制的苏维埃银行"官铸"银圆。

目前，从拍卖行及钱币市场所见到的鄂豫皖省苏维埃政府工农银行一九三二年造壹圆银圆（中文版）版别总体来看，图文大都比较模糊、粗糙，凹凸感稍弱。另外，从细节方面看，该类币正面"壹圆"环绕的文字与笔者珍藏的银圆藏品稍有差异，如同样是"工农银行"的"行"字，该版别"行"字的双人旁的两条长撇，似乎有点拖沓、疲软之意态，故此，该币可能为当时苏维埃银行聘请私人银匠所铸造的"私铸"银圆。

鄂豫皖省苏维埃政府工农银行一九三二年造壹圆银圆"中文版"
（作者个人珍藏，应为"官铸版"）

从收藏角度来说，由于官铸的鄂豫皖省苏维埃政府工农银行一九三二年造壹圆银圆（中文版）目前在拍卖行和钱币市场均罕见，而且铸制精湛，收藏价值无疑比"私铸"高得多，是可遇不可求的极为珍罕的革命文物。

55.“红洋”铸行历史之谜揭晓——闽浙赣省苏维埃政府一九三四年壹圆银圆解密

闽浙赣省苏维埃政府一九三四年壹圆银圆俗称“苏区红洋”，是中国共产党领导的早期革命根据地金融产物和重要货币品种之一。由于该币是临时军用币，铸行时间短暂，加之颇历战争，故存世极罕，极具收藏价值。

然而在钱币收藏界，一些江湖“专家”指鹿为马，诬称其为“臆造币”，一时使该币罩上了一层浓厚的迷雾，真假难辨。

历史的真相要用实物和史实讲话，谜底总有被揭晓的一天。近些年，该币实物的出现及研究考证的结果有力地证明了闽浙赣省苏维埃政府一九三四年壹圆银圆不仅不是臆造币，而且是真实存在、难能可贵的革命历史文物，具有极高的政治、历史和文化的研究价值和艺术审美价值，殊为珍罕。

据史料考证和实物证明，闽浙赣省苏维埃政府一九三四年壹圆银圆为闽浙赣省苏维埃银行闽北分行铸制发行的。当时闽浙赣省根据地（位于福建、浙江、江西三省边界地区）流通的是苏维埃政府纸币。然而苏区要生存，必须要从“国统区”购买许多诸如钢铁以及药品、布匹等生产生活必需物资，但全国实行的仍是以银圆为本位的货币制度。故根据地刚开始发行纸币时，时常出现减价使用或拒收的现象。于是，闽浙赣省苏维埃政府指示由闽北分行组织人员，在福建崇安大南坑办起了铸币厂（花边厂），于1933年1月开始铸制根据地银圆，即“苏区红洋”。

据史料记载，当时铸制银圆的银料来源主要有四种：①没收地主豪绅的银器、银饰、银锭；②省苏区财政部把银饰、器皿熔化为银块，运交闽北造币厂铸造银圆；③收兑旧银，收兑价分为两种：成色好的旧银每元一两五钱，成色差的每元二两，同时发动妇女剪头发，不用银首饰，并收购首饰及杂银，每两付给四角钱；④招股折银，入股时可以用旧银折价入股。

1933年9月25日，蒋介石调集一百万兵力对各革命根据地进行了疯狂的第五次"围剿"。由于苏维埃政府在军事上完全执行了王明"左"倾错误路线，坚持"御敌于国门之外"的错误决战思想，故战斗空前激烈，反"围剿"困难重重，而且兵源亟待补充，策应中央苏区第五次反"围剿"以及安置救济受敌扰乱的苏区群众等要求尤为迫切。这一切问题，急需大量充裕的资金予以支撑解决。

为解燃眉之急，1934年年初，闽浙赣省苏维埃政府决定铸制临时军用币，指示闽浙赣省苏维埃银行闽北分行铸制了闽浙赣省苏维埃政府一九三四年壹圆银圆。该币正面小珠圈内铸"壹圆"两字，外沿环铸"闽浙赣省苏维埃政府一九三四年"十四字及两颗五角星图案，背面中间为地球及镰刀、锤子交叉图案，环铸"粉碎敌人五次围攻决战临时军用币"字样。

闽浙赣省苏维埃政府一九三四年壹圆银圆（作者个人珍藏）

鉴于当时苏区普通银圆的数量已明显减少,外流严重,根据地铸制的"红洋",明确标明"闽浙赣省苏维埃政府"所铸,让它无法在白区使用,只能在苏区流通,以杜绝现金外流,将苏区有限的银圆用于第五次反"围剿"之战。

第五次反"围剿"失败后,1934 年 11 月,闽浙赣省的主力红军北上,革命根据地变为游击区。同年 12 月,造币厂被迫向江西转移,闽浙赣省苏维埃政府一九三四年壹圆银圆就此停铸。

56. 民国正式铸行银圆的"关门币"——民国二十四年孙中山侧面像背双帆壹圆银圆解密

民国二十四年孙中山侧面像背双帆壹圆银圆属"民国银圆十珍"之一。由于该币为民国正式铸行银圆的"关门币",存世极罕,且其防伪设计别具一格,故成为钱币收藏界的大珍品。

白银历来在中国货币史上占有重要的地位。我国自清末至民国初年,一直以银圆为主要流通货币,实行的是银本位币制,但随着世界潮流的发展,到 20 世纪初时,西方主要国家皆已放弃金属本位币制,改革为管理通货的纸币本位币制,使白银从货币变成了商品,故银价逐渐滑落。因此全球各主要产银国和用银国为维持世界白银的产销秩序,于 1933 年 7 月在英国伦敦签署了《白银协定》。同年年底,银价开始回升。次年,美国颁布了《白银法案》等一系列法案,主要内容包括提高银价、收购白银、禁止白银出口等,并在纽约和伦敦市场上大量收购白银。由于中国国内白银价格低于国际市场的价格,故国内囤积白银走私出境的现象大幅度增多,造成我国白银大量外流,国内银根吃紧,银行挤兑时有发生,银行钱庄和企业的倒闭数量激增，出现了金融危机，且外汇存底亦大幅减少，这迫使国民政府不得不加快币改的步伐。

民国二十四年孙中山侧面像背双帆壹圆银圆（作者个人珍藏）

民国二十四年（1935）十一月，国民政府紧急实施法币政策，改行管理通货制的纸币本位币制，规定中央银行、中国银行、交通银行三家银行所发行的纸钞为法定货币，而银圆不再作为法定的流通货币，规定白银归国家统一管理，并限时收兑市面流通银圆，使银圆不再具有货币的属性。同年十二月，又规定中国农民银行所发行的钞票亦为法定币，从此银圆的铸造也画上了休止符。

据史料可知，按照国民政府铸币的惯例，当年要发行的货币要在上一年年底以前完成设计、制模、送样审查等一系列的手续，故民国二十四年孙中山侧面像背双帆壹圆银圆在民国二十三年（1934）年底完成设计、制模、送样审查等一系列的手续程序后于民国二十四年（1935）开始正式铸制、发行流通。该币本来计划发行三千多万元，但库银吃紧，只铸制了一部分，加之当时国民政府正在推行法定币，故该币刚正式发行流通不久，中央造币厂即停铸此币。国民政府将尚未发行的银圆退回中央造币厂熔化，仅有数量极少的银圆进入流通领域，故存世极罕。此后，纸钞代替了银圆成为法定货币，国民政府不再正式铸制发行银圆，从而使民国二十四年孙中山侧面像背双帆壹圆银圆成为民国正式铸行银圆的"关门币"。

民国二十四年孙中山侧面像背双帆壹圆银圆防伪标记设计别具一格，主要体现在其币背面的双帆图上三只线形的飞鸟图（肉眼无法观察），极其精微，栩栩如生，在民国银圆中实属罕见，其防伪标记是后期无法加工伪的，可以说是民国银圆的巅峰之作，这也是该币让人着迷的地方。

57. 成为民国末代金融"最后晚餐"的银圆——新疆省造币厂铸民国卅八年壹圆银圆解密

新疆省造币厂铸民国卅八年壹圆银圆是民国三十八年（1949）五月由新疆省造币厂铸制发行的最后一款民国时期地方流通的"关门币"，亦是新疆唯一以"圆"为货币单位的大洋银圆，可谓为民国末代金融的"最后晚餐"。

民国时期，国民党中央政府欲完全掌控新疆的政治、经济，但由于新疆地处偏远，环境特殊，最终鞭长莫及。民国三十五年（1946），中央银行在迪化、哈密两所分行发行新疆省流通券，以收回地方钞币发行权，达到统一货币发行之目的，但仅仅 3 个月，便因地方特权的掣肘而停止。无奈之下，只好特准新疆商业银行在财政部派员监督下续发地方钞，同时由该行向央行缴纳黄金 5 万两，作为发行准备金。

民国三十八年（1949），通货膨胀的浪潮一潮高过一潮，国民党政府在新疆的统治已摇摇欲坠。新疆商业银行于 1946 年发行的纸币，面额最高者不过 500 元，次年最高面额为 2000 万元，而 1948 年时，已暴增为 5 亿元面额，次年该行改组为新疆省银行，起初发行 100 万元、300 万元及 600 万元三种面额纸币，后改为以千万元为单位，最后甚至发行了 3 亿元、6 亿元、30 亿元、60 亿元等超高面额的纸币。

通货膨胀导致全国民众对纸币毫无信心，甚至予以抵制，国民政府被迫于 7 月初正式公告恢复银本位币制。这一切迫使新疆不得不在金融货币上毅然断绝同国民政府的联系，实施独立的币制改革，以稳定金融，挽救新疆经济。于是在民国三十八年（1949）5 月 20 日，哈密分行致电已由上海搬迁至广州的中央银行总行，报告新疆即日起实施币制改革，恢复银本位币制，并自行铸制壹圆币银圆，规格为库平七钱二分。7 月 1 日，规定原新省纸币 6000 亿元兑换银圆一圆，金圆券为 5 亿元兑换银圆一圆。

新疆省造币厂铸民国卅八年壹圆银圆就在此历史背景下自然诞生了。

1949 年 9 月 25 日，新疆和平解放，为安定民心、维护社会经济稳定，人民政府同意继续铸制流通新疆"四九"银圆，但将币正面纪年"民国卅八年"改为公元纪年"1949 年"，背面仍留"1949"字样，故此币又俗称新疆"双四九"银圆。自此，新疆省造币厂铸民国卅八壹圆银圆在发行了短短 4 个月后就停铸了，最终结束了其金融使命，成为民国时期地方流通的"关门币"。

新疆的造币厂由于设备落后，工艺尚欠精湛，故新疆省造币厂铸民国卅八年壹圆银圆质量粗糙且版式复杂，有实心版和空心版之分；按照币正面的汉字书写方式及背面"1"的写法，又可划分为普通版、壹横上翘版、细字版、方足"1"版、杂体字版、童体字版等。另外，该币发行之初，新疆当局严禁民众携此币出省境，故中国近代机制币外籍权威专家耿爱德对其评价甚高，它也被收藏界视为梦寐以求的珍品。

新疆省造币厂铸民国卅八年壹圆银圆实心版（作者个人珍藏）

（四）特殊币

在中国浩瀚的银圆系列中，存在着一种特殊币。由于它们材质特殊，而且是在特殊的历史背景下铸制的，故称"特殊币"。

金、银本位制交锋的亮点——大清金币光绪丁未年造与大清银币丁未光绪年造镍币银质试样解密

清朝的货币，一直沿用以银两制为主要形式的银本位制。但在清朝末年，发生了一次银本位制与金本位制的交锋，在中国近代货币史上留下一段颇有亮点的插曲。

白银的使用在我国古代已经发展成规模了。明成化（1465—1487）年间，在民间交易中，白银基本已经货币化了。隆庆元年（1567），朝廷颁布法令规定：凡买卖货物，一钱以上银钱兼用，一钱以下只需用钱。这是官方正式确立的货币流通制度：白银为本位货币，铜钱为辅币。

清朝的货币制度沿袭明朝，银两与制钱并用，规定银两与制钱的法定比价是1∶1000。后来，随着国际贸易的进一步扩大，外国银圆大量涌入中国，以其大小划一、重量适中、便于交易等优点得到了中国商民的广泛欢迎，继而畅行于流通领域。这些外国银圆重量为七钱二分，含银八一九成，实银只有六钱五分左右，在兑换中国的足色纹银时，能兑换到八钱以上。这种不平等的银两交易，使得中国白银大量外流，给中国的财政造成了不可弥补的损失。于是，光绪十五年（1889），在两广总督张之洞的再三奏请下，清廷最终批准由广东钱局正式铸制并发行我国第一套仿西式机制币银圆系列，供市场流通，以平衡经济。此后，各省纷纷效仿铸制发行银圆。至此，以银圆为主要货币流通形式已成为大势所趋，中国银本位制实际上已经发展到了一个高峰。

到了19世纪中叶后，由于全球各主要国家竞相采用金本位制，导致金

贵银贱，使实际上实行银本位制的中国在国际汇兑上亏损巨大，于是改革币制的呼声逐渐兴起。但清政府已经习惯了银本位制，对币制改革的反应并不积极，且一些保守派大臣还极力反对币制改革。直至经历甲午战败和庚子之变后，因赔款以黄金为单位，金银兑价不利，造成偿还时所谓的"镑亏"倍增。朝野急谋对策，于是产生了仿效欧美，从速实施金本位制之议。

光绪年间，清廷一些官员就倡议使用金币，如陈炽在《通用金镑说》中就提出"欲收利权，欲兴商务，非自铸金钱不可，金钱之轻重，非仿用金镑不可"之议。这个提法其实也是有原因的。因为在中国古代，将黄金作为货币的历史可谓十分悠久。中国最早的金币，要推战国时期楚国的印子金，即有铭文的扁平金钣，印有数个至数十个方形阴文"郢爰"印记，含金在 90% 以上，甚至达 99%。除金钣外，历代还有各式各样的金锭、金铤等金质货币。只是到了清代，由于钱币以银和铜为主，金币流通可以说少之又少。

光绪三十年（1904），户部为筹款以铸金币，特向朝廷提出具体的实施办法。实际上，早在光绪二十九年（1903）七月，清廷就拟定《整顿圜法章程》十条，其中提出银圆专由造币总厂铸造，保留南洋（江南）、北洋、广东、湖北四局为分厂，在黄金储备不足的情况下，先试行金汇兑本位制（亦称"虚金块本位制"。这种币制以黄金为定价标准，但国内实际流通的是银圆，银圆按照黄金价值流通，是黄金的价值符号）。

光绪三十一年（1905），清政府在权衡利弊后，又采取了一种折中方法，在《整顿圜法酌定章程》中规定："所造三品之币，即曰大清金币、大清银币、大清铜币，通行天下，以归一律。"并着手进行币制改革，从而确定了与银本位制相统一的金汇兑本位制和铜辅币制度。

与陈炽针锋相对的则是于光绪三十三年（1907）四月升任邮传部（管理全国邮电、轮船、铁路的重要行政权力机构）尚书兼参预政务大臣的陈璧。陈璧力行改革，主张确定本位币与辅币，并且以银圆为主币，铜币为辅币。在同年五月的《整顿币制以维圜法》的奏折里，他更明确地提出金融改革计划、颁布《币制则例》、规定以银为本位制等建议，并对银圆的铸制也提出了自己的见解。

光绪三十三年，天津造币总厂在上年试铸大清金币光绪丙午年造库平一两金币的基础上又试铸了大清金币光绪丁未年造库平一两金币，又以此两种金币的币模试铸了当时通行的壹圆型银圆，其中包括大清金币光绪丁未年造库平一两镍币银质试样。据中国第一历史档案馆编《清代档案史料丛编》第十一辑《光绪三十三年七月初九日载泽等奏进呈新铸通用银币并议定成色章程折》记载，同年还试铸了400枚大清银币丁未光绪年造一圆、五角、二角、一角四种银质主币和辅币，包括大清银币丁未光绪年造贰角型镍币银质试样辅币。但由于当时藏金有限，而且一两纯金币值巨大，亦流通不便，加之清政府在金本位制实施上又举棋不定，拟试行的金汇兑本位制在晚清积贫积弱的社会政治和经济条件下根本无法实施，以及可能存在的其他原因，最终导致此种试铸币、试样币（包括金币和银币）未能发行。至此，金、银本位制的交锋也最终落下帷幕，清政府拟试行的金汇兑本位制宣告失败，不得不继续实施银本位制。

那么，为什么光绪三十三年会出现镍币银质试样的机制币呢？

镍币是清末至民国时期一种非常珍稀的钱币，在藏家的心目中，是"稀世之珍"，素有"稀世珍宝"之美誉。

　　其实,中国镍币早在光绪三十一年（1905）就产生了。据有关史料记载,晚清时期,由于外国列强索赔白银,光绪帝一时被逼得走投无路。为挽救摇摇欲坠的大清江山,恭亲王奕䜣及李鸿章、曾国藩、张之洞等人发起了我国近代史上著名的"洋务运动",在创办军用工业的同时,提出实行改革大清帝国货币银本位制的设想,并与光绪帝一拍即合。于是在光绪帝的默许下,李鸿章不但策划制定了货币改革方案,而且出洋考察,委托闻名中外的英国伯明翰造币厂为清政府铸造了数枚样板镍币,即被誉为"稀世珍宝"的中国镍币鼻祖——"伯明翰"样板镍币。

　　当李鸿章把其中三枚"伯明翰"样板镍币呈光绪帝审核时,尽管此三枚样板镍币铸有中国传统的蟠龙图案,但最终还是被垂帘听政的慈禧否决,理由是此三枚样板镍币上全是洋文,有辱大清国的威严。

　　慈禧对"伯明翰"样板镍币的否决,促使主张改革币制的洋务派大臣们形成了一种共识,即今后铸币时必须首先考量慈禧的要求,并在适当时机由中国自行铸币。

大清金币光绪丁未年造库平一两镍币银质试样（作者个人珍藏）

实际上，镍币已经在西方各国流行了好多年。同中国一样，这些国家的货币体系也是以黄金为贵，白银次之。而镍不仅硬度高，还具有延展性、铁磁性以及能够高度磨光和抗腐蚀的特性，另外其材料价格虽然不如银，却比铜贵得多，故有人经研究认为，镍币可以替代小面值且极易磨损的银辅币，或者大面值且分量重的铜辅币和银圆。

　　基于上述因素，光绪三十三年，天津造币总厂在铸制大清金币光绪丁未年造库平一两和大清银币丁未光绪年造机制币时，根据慈禧的要求和光绪三十一年试铸"伯明翰"样板镍币的先例，并结合同年清政府折中的《整顿圜法酌定章程》之规定，采用了镍币银质试样，故出现了镍币银质试样机制币。

　　在本书所展示的实物图中，大清金币光绪丁未年造库平一两镍币银质试样上是汉字和龙图案，没有洋文；至于大清银币丁未光绪年造贰角型镍币银质试样辅币，虽然也有洋文出现，但也只是遵从以往铸币的惯例，主体文字是汉文、满文和龙图案。

　　由于这些样板镍币均含银，故亦归之于银圆之类。

大清银币丁未光绪年造贰角型镍币银质试样辅币（作者个人珍藏）

　　大清金币光绪丁未年造库平一两镍币银质试样和大清银币丁未光绪年造镍币银质试样系列有多种版别（其中贰角型较为少见，更为弥足珍贵）。由于这两种币是试样，没有正式发行，铸制精美，存世极罕，且是清政府银本位制与金汇兑本位制交锋之历史见证物和中国近代货币史上一颗璀璨的明星，故为中国近代机制币银圆中珍罕大币，具有极高的收藏价值和货币历史研究价值。

卷首语

　　相对于珍稀类品种银圆而言，普品类银圆的铸制量、发行量和存世量都比较大。虽然其收藏投资价值远低于珍稀类银圆，但它们多为官方铸制并正式大量发行流通的中国近代机制币银圆，属标准流通币，在中国近代机制币银圆发展史上具有标志性的意义，加之铸制精美，故亦具有一定的历史文化研究价值和艺术欣赏收藏价值，并且具备一定程度的经济投资上涨空间，也应该引起人们的关注。

曲折发展的流通银圆——普品类银圆铸制发行史概述

　　作为官方正式大量发行流通的普品类银圆，其发展历程颇为曲折，其铸制发行史概述如下。

1. 广东省造光绪元宝和宣统元宝库平七钱二分银圆

　　光绪十五年（1889），两广总督张之洞在奏请朝廷批准后，由广东钱局正式铸制发行了我国第一套仿西式机制币银圆系列，即广东七三反版银圆，供市场流通。但在当时"劣质币驱逐良质币"的现实下，由于该币比外洋银圆成色多重一分，反而被商民囤积、收藏或被私毁，形成"亏耗重"而"流通滞"的局面，故此，广东钱局上奏户部并经批准后，便改铸广东七二反版银圆。然而，该样币报请清廷批准时，清廷因该币英文置于币面而颇感不满，责令重新设计标准的广东省造光绪元宝系列银圆，其中包括广东省造光绪元宝库平七钱二分银圆。广东钱局即把"广东省造""库平七钱二分"十个汉字改列币正面，于光绪十六年四月正式开铸广东省造光绪元宝系列银圆，面额有库平七钱二分、三钱六分、一钱四分四厘、七分二厘、三分六厘五种。

广东省造光绪元宝库平七钱二分银圆（作者个人珍藏）

广东省造光绪元宝库平七钱二分银圆大量发行流通后，因成色及重量统一，且制作精美，广为各地商民接受。至此，广东推行的自制龙洋大获成功，导致各省纷纷效仿，各省所造的银圆在形制、成色和重量上，均与广东省造光绪元宝库平七钱二分银圆相似。

光绪三十四年（1908）年底，新帝溥仪登基，是为清穆宗，定年号为"宣统"。次年各地将所出银圆改换为"宣统元宝"，并于宣统二年（1910）正月初一开始行用，于是广东省造宣统元宝库平七钱二分银圆就应运而生。

广东省造宣统元宝库平七钱二分银圆（作者个人珍藏）

2. 湖北省造光绪元宝和宣统元宝库平七钱二分银圆

两广总督张之洞在广州创办广东钱局后，又于光绪十五年（1889）奉命调任湖广总督。张之洞属于清廷的开明派。在湖北，他大力推行洋务运动，创办新式教育，编练新军，开办工厂，并于光绪十九年（1893）与湖北巡抚谭继洵一起上奏朝廷，在湖北筹办银圆局，并利用武昌阅马场原守备署改建厂房，从德国购置机器。光绪二十一年（1895）五月，湖北银圆局正式成立，并开铸发行湖北省造光绪元宝系列库平七钱二分、三钱六分、一钱四分四厘、七分二厘、三分六厘五种面额的银圆。

湖北省造光绪元宝库平七钱二分银圆（作者个人珍藏）

清宣统年间，湖北省造光绪元宝系列银圆奉命改为宣统元宝系列银圆，其中包括湖北省造宣统元宝库平七钱二分银圆。

湖北省造宣统元宝库平七钱二分银圆（作者个人珍藏）

3. 江南省造光绪元宝库平七钱二分银圆系列

江南省造光绪元宝库平七钱二分银圆系列是中国货币史上唯一标注有名无实的省份银圆，由设置于南京的江南造币厂（全名为"江南铸造银圆制钱总局"）铸制并正式发行流通的。光绪二十三年（1897）三月，该厂自开铸"老江南"币——江南省造光绪元宝库平七钱二分无纪年银圆后，又分别按干支纪年，于光绪二十四年（1898 年，戊戌年）、二十五年（1899 年，己亥年）、二十六年（1900 年，庚子年）、二十七年（1901 年，辛丑年）、二十八年（1902 年，壬寅年）、二十九年（1903 年，癸卯年）、三十年（1904 年，甲辰年）、三十一年（1905 年，乙巳年）铸制并发行流通江南省造光绪元宝库平七钱二分系列银圆，包括戊戌、己亥、庚子、辛丑、壬寅、癸卯、甲辰、乙巳 8 种版式银圆，亦即我们俗称有别于"老江南"币的"新江南"币。

这 8 种版式银圆又可细分为多种版别。如江南戊戌银圆根据币背面龙图细节，可细分为凸眼龙、凹眼龙、珍珠龙、戊戌错版 4 种版别；江南辛丑银圆根据币面的"HAH"记号，又可细分为大字母版与小字母版等。据说，江南造币厂所铸制的庚子银圆因八国联军侵略中国，故销路不通而停产，复工后，主币库平七钱二分又因成色不足而遭商民诟病，为挽回信誉，该厂委托汇丰银行聘请英国的化验师 H. A. HOLMES（文献记载称"霍教习"），加戳记"HAH"（即 H. A. HOLMES 的字母缩写），以取信于中外，此即江南省造银圆系列出现"HAH"记号之原因。至光绪三十年，又加"CH"和"TH"戳记，据传这是雕刻师和厂长之名简写。此外，该厂还铸制了"二角""一角"

银币及铜币等。此8种江南省造光绪元宝库平七钱二分银圆，以收藏难度由高到低排名，依次为乙巳版、癸卯版、己亥版、戊戌版、庚子版、辛丑版、壬寅版、甲辰版，而其中的甲辰版由于民国初期又用旧模重新生产，故最为多见。

江南省造光绪元宝戊戌库平七钱二分凸眼龙版银圆（作者个人珍藏）

江南省造光绪元宝己亥库平七钱二分银圆（作者个人珍藏）

江南省造光绪元宝辛丑库平七钱二分银圆大字母版（作者个人珍藏）

江南省造光绪元宝辛丑库平七钱二分银圆小字母版（作者个人珍藏）

江南省造光绪元宝甲辰库平七钱二分银圆（作者个人珍藏）

江南省造光绪元宝乙巳库平七钱二分银圆（作者个人珍藏）

4. 北洋造光绪元宝库平七钱二分银圆系列

光绪二十五年（1899）起，原开铸"壹圆"型银圆的北洋机器局将该银圆的面额改为与其他省一致的"库平七钱二分"计重制。由于"北洋"是泛称而非实际地名，故新款设计时，币面刻"北洋造"而不是"北洋省造"，此即北洋造光绪元宝库平七钱二分银圆系列诞生之原因。共计生产了库平七钱二分银圆 1566000 枚。光绪二十六年（1900），八国联军入侵中国，北洋机器局在该年五月底被摧毁，该年度资料散失，银圆产量无法统计。

光绪二十八年（1902），时任直隶总督的袁世凯在河北西窑洼（现天津大悲禅院旧址）新开办了北洋银圆局，专事造币。北洋造光绪元宝库平七钱二分的光绪二十九年（1903）至三十四年（1908）版别银圆就出自该局，据统计，自光绪二十八年至光绪三十三年（1907），北洋银圆局共计生产库平七钱二分银圆 5711901 枚。北洋造光绪元宝库平七钱二分银圆，以光绪二十六年为最少，光绪三十四年为最多。

北洋造二十五年光绪元宝库平七钱二分银圆（作者个人珍藏）

北洋造二十六年光绪元宝库平七钱二分银圆（作者个人珍藏）

北洋造二十九年光绪元宝库平七钱二分银圆（作者个人珍藏）

北洋造三十四年光绪元宝库平七钱二分银圆（作者个人珍藏）

5. 四川省造光绪元宝和宣统元宝库平七钱二分银圆

四川省造光绪元宝和宣统元宝库平七钱二分银圆由成都造币厂铸制，其中四川省造光绪元宝库平七钱二分银圆铸制于光绪二十七年（1901）至光绪三十四年（1908），而宣统元宝库平七钱二分银圆则铸制于宣统元年（1909）至宣统三年（1911）。

光绪二十二年（1896），四川总督鹿传霖向清廷申办银圆局，新建厂房设在成都机器局内。光绪二十四年（1898）六月，成都造币厂厂房落成，洋匠艾文澜、强必尔送机器到造币厂；但在光绪二十五年（1899）时，由于清廷下令，使银圆改由湖北、广东造币厂代铸，故成都造币厂一时停产；直至光绪二十七年（1901）才正式开铸四川省造光绪元宝库平七钱二分银圆，币模由美国费城造币厂总雕刻师巴伯雕刻，机器则由美国的汉立克纳浦机器公司提供；宣统元年（1909），成都造币厂奉旨改铸宣统元宝库平七钱二分银圆。

四川省造光绪元宝库平七钱二分银圆版别很多，有"宝"字从"尔"版和"宝"字从"缶"版，其中以"宝"字从"缶"版更为珍稀，另外又有"平头车"版、大龙头版、小龙头版。"平头车"版又可细分为"花星中心无点版"等版别。该币版别之所以如此繁杂，主要是因为随机器设备运来的模具因江水暴涨而被淹没锈蚀，但当局对这些缺陷并不在意，也没有再续订新模。且成都造币厂工匠由于技艺欠佳，经验欠缺，未采用印模转制母模的方法，不断重新雕模，导致制作粗糙之外，更有英文字母倒置等情况，故造成多种版别。

四川省造光绪元宝库平七钱二分银圆（作者个人珍藏）

四川省造宣统元宝库平七钱二分银圆（作者个人珍藏）

据统计，四川省造光绪元宝库平七钱二分银圆中，光绪二十七年至光绪二十八年的合计 140 万枚，光绪二十九年的 78 万枚，光绪三十年的 32

万枚，光绪三十一年的 22 万枚，光绪三十二年的 108 万枚，光绪三十三年的 149 万枚，光绪三十四年的 118 万枚。四川省造宣统元宝库平七钱二分银圆产量约 285 万枚。

6. 云南省造光绪元宝和宣统元宝库平七钱二分银圆

云南省造光绪元宝库平七钱二分银圆于光绪三十四年正月（1908 年 2 月）由度支部云南造币分厂铸制发行。溥仪登基后，宣统元年（1909），云南奉旨并随各省改云南省造光绪元宝库平七钱二分银圆为宣统元宝库平七钱二分银圆。云南造币厂前身为光绪三十一年（1905）筹设的云南银圆局。该局在完成土地、设备购置后，于光绪三十四年正月（1908 年 2 月）改该局为度支部云南造币分厂，正式开铸银圆。

云南省造宣统元宝库平七钱二分银圆（作者个人珍藏）

云南省造光绪元宝库平七钱二分银圆有"老云南"和"新云南"版别之分。"老云南"版在当地俗称"粗字满龙"版或者"粗字粗龙"版，而设计简洁、币面无英文的"新云南"则被称为"细字小团龙"版或者"细字细龙"版。

据统计，"老云南"光绪元宝库平七钱二分银圆总产量为 972076 枚，宣统元宝库平七钱二分银圆总产量为 1919463 枚。

云南省造光绪元宝库平七钱二分银圆（"老云南"版）（作者个人珍藏）

7. 造币总厂光绪元宝库平七钱二分银圆

造币总厂光绪元宝库平七钱二分银圆于光绪三十四年（1908）由度支部造币总厂铸制并发行。由于该币为光绪年代唯一由"中央造"的银圆，故在市场上颇受追捧。但在币制尚未确定的情况下，该币只是一种市价较高却无统一能力的货币。

度支部造币总厂于光绪三十一年（1905）在天津大经路（今中山路）建成投产，由于北洋银圆局仍在生产银圆，故该厂先行铸制的是铜圆。该厂原名"铸造银钱总局"，生产铜圆时随即改为"户部造币总厂"。光绪三十二年（1906），由于户部改为度支部，故该厂又改称"度支部造币总厂"。宣统二年（1910），《币制则例》颁布，总厂根据新条款筹备新国币，造币总厂光绪元宝库平七钱二分银圆中的"造币总厂"铭文从此消失，意味着该币正式停铸。

据统计，造币总厂光绪元宝库平七钱二分银圆共生产 2588850 枚，是清光绪年间唯一一款以中央政府名义正式铸制发行的银圆。

造币总厂光绪元宝库平七钱二分银圆（作者个人珍藏）

8. 宣统三年大清银币壹圆曲须龙银圆

宣统三年大清银币壹圆曲须龙银圆被正式确定为新国币后，于宣统三年（1911）五月由江南造币厂和湖北武昌造币厂铸制，并预定年底发行。不久，武昌起义爆发，正义的烽火遍及各地，市面动摇。面对精心策划多年、眼看就要修成正果的新国币要面临失败，为稳定民心和局势，清政府就在没有举行任何发行仪式的情况下仓促发行新国币。清政府被辛亥革命推翻后，宣统三年大清银币系列，包括壹圆曲须龙银圆就此停铸，成为大清朝代的"关门币"。

辛亥革命爆发后，清政府为加快新国币的生产步伐，以应付动乱，除令江南造币厂、武昌造币厂生产该币外，又令天津造币厂加入生产。据初步统计，辛亥革命爆发前，江南造币厂共计已铸制新国币 595 万枚，天津造币厂在 1911 年共计生产了新国币 972 万枚，武昌造币厂不详。

尽管造币厂颇多，但宣统三年大清银币壹圆曲须龙银圆目前发现仅有两种版别，即该币背面英文面额单位"DOLLAR"后"有点版"和"无点版"，具体生产厂家不详。此外，尚有珍稀类银圆的宣统三年大清银币壹圆曲须龙银圆签字版（即雕刻师乔治签字版）。

宣统三年大清银币壹圆曲须龙银圆（作者个人珍藏）

9. 孙中山开国纪念币

辛亥革命推翻清政府后，于民国元年（1912）建立民国政府，即南京民国临时政府，孙中山先生被推举为临时大总统。由于清政府迅速崩溃，乱局中急需大量现银，而民国不能沿用前朝货币形制，故一方面为临时急用，另一方面为纪念辛亥革命胜利，民国政府准备铸制发行一千万枚纪念币银圆流通，规定币面铸孙中山头像，中间绘五谷模型，取丰收足民之意。此即孙中山开国纪念币之由来。

孙中山开国纪念币版别较多，有前制版和后制版。前制版有"下五星版""上五星版"，均由南京造币厂铸制，实际产量不详。此两版别银圆为孙中山开国纪念币版别中产量较少的。其中，"下五星版"由于"民"字写法有出头，与众不同，象征推翻帝制，人民出头天，故相对来说，较为珍贵。1927年4月18日，北伐军攻克南京与上海后，在南京成立国民政府。新政府不愿将背叛革命的袁世凯头像继续镌用在国币上，故令南京造币厂制作新款银圆。由于急于改版，该厂将民国元年的孙中山开国纪念币稍加修改后即付诸生产，即后制的孙中山开国纪念币"六角星版"，俗称"孙小头"。此版别的纪念币银圆产量最大，据统计，当时仅南京、杭州、武昌等三地造币厂就铸制了4.8759亿枚，加上天津造币厂和各省的铸制，孙中山开国纪念币总计生产了5亿枚，其发行量仅次于"袁大头"。

孙中山开国纪念币六角星版（作者个人珍藏）

10. 袁世凯民国背嘉禾壹圆银圆系列（俗称"袁大头"）

民国元年（1912），袁世凯迫使孙中山先生让位，自己出任中华民国大总统。鉴于当时外国银圆流行，货币金融系统十分紊乱，为整顿和规范币制，民国三年（1914）二月七日，民国政府颁布《国币条例》及《国币条例施行细则》，开铸袁世凯民国背嘉禾银圆系列（俗称"袁大头"），并于同年12

月 24 日正式面向全国发行。

袁世凯民国背嘉禾银圆系列币模由著名的意大利雕刻师鲁尔治·乔治亲自雕刻，正面镌袁世凯侧面头像及发行年号，背面铸嘉禾纹饰和币值，其种类有银币 4 种（壹圆、中圆、贰角、壹角）、镍币 1 种（伍分）、铜币 5 种（贰分、壹分、伍厘、贰厘、壹厘）。该币由袁世凯亲自核定，并经天津造币厂制成祖模后颁发各分厂大量生产，先由天津造币厂铸制，后在南京、广东、武昌等地陆续铸制。

新国币正式铸制发行后，由于继承了仅昙花一现的宣统三年大清银币"国币"未竟使命，形制统一，而含银量又降至 89%，质地优良，加之事先准备完善，充分运用了"劣币驱逐良币"的经济学法则，故面市后为商民所乐用，于是很快就取代了前清龙洋和外国银圆，并将外国银圆驱逐殆尽，最终完成了统一国币币制的历史任务，在中国近代货币发展史上有着重大意义，并产生深远影响。

在袁世凯民国背嘉禾银圆系列中，壹圆型的版别繁杂，从年份计，有袁世凯民国三年背嘉禾壹圆、袁世凯民国八年背嘉禾壹圆、袁世凯民国九年背嘉禾壹圆、袁世凯民国十年背嘉禾壹圆等四种银圆版别。由于当时政局日益混乱，分厂各行其是，加上各省军阀或民间私制，故此中又细分百种以上版别，为中国近代银圆之冠。

据统计，袁世凯民国背嘉禾银圆系列（俗称"袁大头"）总产量超过 10 亿枚，是中国近代数量最多、流通最广的银圆，同时也是世界其他各国银圆难以匹敌的。其中，以袁世凯民国八年（1919）最为稀少，仅铸制发行了 121 万枚。

袁世凯民国三年背嘉禾壹圆银圆（山东大扣版）（作者个人珍藏）

袁世凯民国八年背嘉禾壹圆银圆（空心叶版）（作者个人珍藏）

袁世凯民国九年背嘉禾壹圆银圆（粗发版）（作者个人珍藏）

袁世凯民国十年背嘉禾壹圆银圆（T点年版）（作者个人珍藏）

11. 孙中山民国二十二年、二十三年船洋

在经历了孙中山民国二十一年银圆多番折腾后，民国二十二年（1933），上海中央造币厂在该币基础上通过改版设计新图样，去掉原银圆币模上的旭日东升图和三鸟图，将币模正面的"二十一年"改为"二十二年"，正式大量铸制发行了孙中山民国二十二年船洋；1934年10月后，又将孙中山民国二十二年船洋出厂的纪年改为民国二十三年，发行了二十三年船洋。

孙中山民国二十二年、二十三年船洋制作精美，生产标准极高，质量上从严把关，故无论是重量、成色均非常精准，整齐划一。

据统计，孙中山民国二十二年船洋共计生产4640万枚，而孙中山民国二十三年船洋产量巨大，至1935年年底，共计生产9878万枚。

尾 声

银圆漫谈

1. 银圆具有什么样的收藏价值？

在我国钱币收藏界，银圆收藏一直占据重要地位，但银圆究竟具有什么样的收藏价值呢？

银圆收藏的价值，主要表现为极高的文化价值、文物价值和经济价值。

文化价值是指凝结在物质之中又游离于物质之外且被普遍认可的一种能够传承和传播的意识形态，包括思维方式、价值观念、生活方式、行为规范等，它能给人以美的享受，并且有带领人认识世界、润泽心灵的潜在价值和实际价值。文物价值是指历史的遗迹和遗物所反映的政治、经济、军事、科学技术、文化艺术、宗教信仰、风情习俗等时代特点的历史价值，审美、欣赏、愉悦（消遣）、借鉴等艺术价值，记录知识、科学、技术等科学价值。经济价值是指经济行为体从产品和服务中获得利益的衡量，通俗地说，就是市场投资收益价值，即藏品的稳定保值功能和强大的升值功能。

以光绪十年厂平壹两银圆为例。由于该币蕴藏深层次的文化密码，折射了当时的社会历史状态，呈现了美的艺术内涵和精妙的工艺技术，且在收藏市场中表现极佳，故极具文化价值、文物价值和经济价值。

首先，从文化角度看，在该币背面方框"光绪十年吉林机器官局监制"字样左右两侧，铸有两条飘逸的古龙图案，两条龙中间又构成一个圆珠状的"寿"字，组成一幅双龙戏珠图，而双龙尾部又巧妙地结成了一个蝙蝠图像，寓意"福"字，与上之"寿"字相互辉映，自然形成"福寿双全，双龙同贺"之吉祥寓意。该银圆双面的边沿珠圈，其玄妙之处就在于正反币面均有整整49颗实心珠内齿，并且小珠圈之间由短线相连而成。那么为什么在币面上会有不多不少49颗小圆圈内齿呢？原来，光绪十年，慈禧太后恰为49岁（慈禧生于1835年）。中国有寿诞"过九不过十"的习俗。首先，"九"与"久"同音，有"长长久久"的吉祥寓意，是长寿的象征；而"十"与"死"发音相近，所以为人们所忌讳。其次，民间有"女不庆十"之说，女的逢"九"，生日要大过。由此可见，光绪十年厂平壹两银圆，实际上是为慈禧太后寿典而制的祝寿纪念银圆。币正反两面的49颗小珠圈，一颗代表一岁，合计49岁，再联系上述银圆正面、背面的图案，喻示慈禧"福寿永久"，其意蕴深刻，含义吉祥。此外，该币的文字笔画上有多处带有高超的防伪暗记，如"年"字的最后一横有一个铸刻得非常清晰、漂亮的小嘉结，这不就是喻示喜庆祝寿的"喜结"吗？此币蕴藏典型的中华传统寿文化，体现了中华民族博大精深的传统文化。

其次，从文物角度看，光绪十年厂平壹两银圆的制作是为平抑当地物价、稳定经济。适逢慈禧大寿，一众贪官污吏便借机准备为之庆典。而该银圆铸制完成后，又恰遇中法战争，朝廷内忧外患，慈禧也没有心情过大寿，策划铸制庆典银圆项目也就宣告结束，已经铸好的祝寿纪念银圆——光绪十年厂平壹两银圆最终散落民间，历经战乱，存世非常稀少。可见，光绪十年厂平壹两银圆又反映了清末的政治经济情况和战争情况，具有非常高的文物历史价值。且该币工艺技术尤其精妙，其小小币面上竟刻铸多处精湛的喜庆图案，暗藏着高超的防伪暗记，布局亦合理巧妙，其精美绝伦的工艺设计和无与伦比的防伪技术，显示了令人拍案叫绝的艺术价值。

再次，从经济角度看，由于光绪十年厂平壹两银圆属珍稀类银圆品种，存世极罕，根据人们投资目的、习惯以及"物以稀为贵"的收藏投资规律，其市场价值逐年增长，市场价格亦水涨船高，目前真品成交额已达数百万元，市场投资收益价值极高。

2. 价差悬殊的奥妙——不同品种光绪元宝银圆收藏价值分析

在钱币收藏的近代机制币银圆中，光绪元宝一直是大众收藏者所喜闻乐见的重要银圆品牌，而且对于这类银圆，不同收藏者说的价值也是不一样的。之所以如此，与其品种类别有关。

光绪元宝银圆品种可分为珍稀类和普通类两种。我们知道，银圆的收藏价值包含历史研究价值、文化深层价值、艺术审美（欣赏）价值及经济投资价值等四大价值。应该说，凡真品都具有收藏价值。但是，两者相比较，由于珍稀类光绪元宝银圆更为特殊，有的设计或者图文均出自名家之手，所以从历史研究价值、文化深层价值、艺术审美（欣赏）价值角度看，珍稀类品种光绪元宝银圆收藏价值无疑要大于普通类品种光绪元宝银圆。特别是从经济投资价值角度来看，珍稀类品种光绪元宝银圆存世极罕，且市场价值逐年增长，涨幅极高，获利空间巨大；而普通类品种光绪元宝银圆由于存世量较大，虽然市场价值也有点涨幅，但上涨空间毕竟有限。

根据人们投资的目的、习惯以及"物以稀为贵"的收藏投资规律，珍稀类品种光绪元宝银圆经济投资价值自然就远远高于普通类品种光绪元宝，故珍稀类品种光绪元宝银圆市场价格亦水涨船高，远超普通类品种光绪元宝银圆。如一枚湖北省造（本省）光绪元宝库平七钱二分的银圆真品，市场拍卖价格就达到了几百万元；而普通的湖北省造光绪元宝库平七钱二分银圆真品，在市场上几千元就可以成交，价差悬殊。所以，对中高端买家来说，他们往往青睐于收藏珍稀类品种光绪元宝银圆，加之自己经济实力强大，哪怕价格贵也要苦苦追逐，志在必得，誓要将它们尽收囊中。但珍稀类品种光绪元宝银圆日益稀缺的状况，更是推高了市场收藏价格，其经济投资价值也随之提高。而对于刚入门的初级买家来说，由于自己经济实力有限，无奈只能收藏价格较低的普通类品种光绪元宝银圆，其经济投资价值自然较低。

综上所述，由于不同收藏者所收藏的光绪元宝品种银圆不同，收藏价值就自然不同了。

3. 光绪元宝银圆哪种收藏价值高？

光绪元宝，广义地说，是指在清末光绪年间铸制流通的中国近代机制币，包括银圆和铜圆；狭义地说，仅指银圆，为我国首批引进外国技术铸行的货币。在中国近代机制币发展史上，光绪元宝是晚清银圆中最基本的品种，其流通之广、知名度之高和影响之深，均在机制币之首，故占有极为重要的地位。这里所说的"光绪元宝"，主要是指狭义的光绪元宝，即光绪元宝银圆。

光绪元宝银圆的种类

光绪元宝银圆始于光绪年间铸制流通的广东省造光绪元宝银圆。自该币诞生以来，京局及各省造币厂纷纷效仿，均以光绪元宝为名铸制银圆，其铸制流通从光绪十五年（1889）开始，至光绪三十四年（1908）结束，历史长达19年。

从种类上分，光绪元宝银圆可分为普品类和珍稀类。两类光绪元宝共有18种，明细如下：

（1）广东省造光绪元宝系列：光绪十五年（1889），由广东钱局铸制，为我国正式铸制发行的第一套光绪元宝银圆系列，至光绪三十四年（1908）结束铸制，其中以"七三反版"和"七二反版"为珍稀。

（2）北洋造光绪元宝系列：光绪二十五年（1899）至光绪三十四年（1908），由北洋机器局铸制。

（3）吉林省造光绪元宝系列：光绪二十三年（1897）至光绪三十四年

（1908），由吉林省银圆局铸制。

（4）奉天省造光绪元宝系列：光绪二十九年（1903），由奉天机器局铸制，其中以"癸卯一两"为珍稀。

（5）浙江省造光绪元宝系列：光绪二十三年（1897）至光绪二十五年（1899），由浙江银圆局铸制，其中以"魏碑体""楷书体"以及"二十三年浙江省造库平七钱二分"为珍稀。

（6）江南省造光绪元宝系列：光绪二十三年（1897）至光绪三十一年（1905），由江南铸造银圆制钱总局铸制，其中以"无纪年江南省造库平七钱二分"（俗称"老江南"）为珍稀。

（7）福建官局造光绪元宝系列：光绪二十六年（1900），由福建银圆局铸制，其中以"库平七钱二分"为珍稀。

（8）湖南省造光绪元宝系列：光绪二十三年（1897）至光绪二十四年（1898），由伯明翰造币厂试铸、湖南机器制造局自铸以及湖北银圆局代铸的三种版别，其中以"库平七钱二分"为珍稀。

（9）湖北省造光绪元宝系列：光绪二十二年（1896）至光绪三十四年（1908），由湖北银圆局铸制，其中以"库平七钱二分（本省）"为珍稀。

（10）四川省造光绪元宝系列：光绪二十七年（1901）至光绪三十四年（1908），由成都造币厂铸制。

（11）云南省造光绪元宝系列：光绪三十三年（1907）至光绪三十四年（1908），由云南造币厂铸制。

（12）安徽省造光绪元宝系列：光绪二十三年（1897）至光绪二十五年（1899），由安徽银圆局铸制。

（13）陕西省造光绪元宝系列：光绪二十四年（1898）至光绪二十五年

（1899），由陕西银局自铸、湖北省造币厂代铸或者委托外国代铸，其中以"库平七钱二分"为珍稀。

（14）黑龙江省造光绪元宝：光绪二十六年（1900），由黑龙江省银圆局铸制，以"库平七钱二分"为珍稀。

（15）东三省光绪元宝系列：光绪三十四年（1908），由东三省银圆制造总局铸制，其中以"库平七钱二分"为珍稀。

（16）户部光绪元宝：光绪二十八年（1902），由北洋铸造银圆总局铸制，以"库平一两"为珍稀。

（17）造币总厂光绪元宝系列：光绪三十四年（1908），由度支部造币总厂铸制。

（18）京局光绪元宝系列：光绪二十六年（1900），由京都制造银圆局铸制，其中以"库平七钱二分"为珍稀。

光绪元宝银圆种类收藏价值比较分析

从收藏价值来看，在上述18种光绪元宝银圆中，相对于普品类，珍稀类光绪元宝银圆自然收藏价值更高。这是因为，珍稀类光绪元宝银圆，一为"珍"，即贵重之意；二为"稀"，即存世极罕之意，故其在钱币收藏史上占有极为重要的地位，具有极高的收藏价值。具体表现如下：

首先，珍稀类光绪元宝银圆具有极高的艺术欣赏价值。一般来说，珍稀类光绪元宝银圆由于设计奇妙、铸制精美，故极具艺术欣赏价值。以光绪元宝户部库平一两银圆为例，观其图文，该币所有文字和图案均依势圆润凸起、错落有致，有立体雕塑之感。文字出自大家之手，遒劲有力，其间架结构大气磅礴，令人叹为观止。祥云蟠龙前后有别，形似腾跃之际，其惟妙惟肖之情态令人拍案叫绝。赏其工艺，其币面平整光滑，纹饰的相贯线显得非常清晰，特别是该币字口、纹路和边齿深峻，完全是国外铸制的样币风格，精湛非常。察其细节，其文字、图案、内齿之防伪小圆圈、隐性防伪标记等精巧密布，其奇妙的防伪暗记技术更是无可匹敌。

其次，珍稀类光绪元宝银圆具有极高的历史研究价值。一枚小小的银圆，方寸之中，往往有着厚重的历史缩影，尤其珍稀类银圆，由于面世短促，存世极罕，又隐匿着历史之谜，需要我们研究考证。如湖北省造（本省）光绪元宝库平七钱二分银圆为什么要注明"本省"两字？其真品为何大多有戳记？通过研究考证，我们可以发现，原来该币是为了平抑湖北境内钱银的兑价，稳定经济，并间接抵制外省、外国所造银圆，故在该币铸制发行时，在其背面加铸"本省"两字，以示有别于外省、外洋。另外，为在收兑时谨防伪造，官方进行专门查验时，盖以戳记，以示验讫，此亦为辨别该币真伪之关键。由于该币的强行兑换政令遭到了民间的强烈抵制，故很快就被大量回收熔化，散落民间的寥寥无几。

再次，珍稀类光绪元宝银圆具有极高的经济投资价值。根据收藏投资"物以稀为贵"原理，光绪元宝珍稀类银圆无疑成为最值得经济投资的银圆品种。越稀少的银圆，就越具有高的市场价值。如在北京诚轩拍卖有限公司2007年秋季拍卖会上，素有"银币十大珍"之一美称的大名誉品——一枚福建官局造库平七钱二分银圆，由于存世极罕，市面稀见，当时竟以168万元人民币的高价成交，远非普通类银圆所能比的。

4.宣统三年大清银币壹圆银圆不同版别收藏投资分析

宣统三年大清银币壹圆银圆共计六大版别（每大版别又可细分）：长须龙、短须龙、大尾龙、反龙、签字版曲须龙、曲须龙。除签字版曲须龙属纪念类性质的银圆外，其余版别均属宣统三年大清银币壹圆银圆的候选国币。

由于曲须龙版银圆的设计风格颇得清政府统治者的欢心，故最终于宣统三年（1911）被定为正式发行流通的国币。此六大版别中，曲须龙版别属普通类银圆品种，而长须龙、短须龙、大尾龙、反龙、签字版曲须龙版别则为珍稀类银圆品种。

从收藏投资角度来说，宣统三年大清银币壹圆珍稀类银圆品种的市场价是远远高于普通类银圆品种的宣统三年大清银币壹圆。普通类银圆品种的宣统三年大清银币壹圆真品的市场价在 2018 年时约为 1500 元每枚，而珍稀类银圆品种的宣统三年大清银币壹圆真品在拍卖市场成交价则高达人民币 50 万元以上，价差巨大。如 2018 年春季拍卖会上，北京诚轩机制币专场中的宣统三年大清银币"长须龙配普通"版壹圆样币的成交价高达 163.3 万元人民币。

为什么会产生如此大的价差呢？

这是因为宣统三年大清银币壹圆普通类品种银圆是流通币，存世量相对比较大，故市场价格就比较低；而该币的珍稀类品种银圆由于属样币或者试铸币、纪念币类，存世极罕，加之其设计精美独特，有的还有名家签名，所以在市场上就成为藏家或者投资者一枚难求的银圆名珍。根据"物以稀为贵"的收藏投资原理，珍稀类银圆品种的市场价自然远远高于普通类银圆品种的市场价。当然，在市场实际交易过程中，其具体成交价格还需看银圆的品相而定。

由于目前古玩市场赝品泛滥，鱼目混珠，故对于初涉银圆收藏的新手来说，如果以投资目的去收藏宣统三年大清银币壹圆银圆，建议最好还是根据自己的经济状况从普通类银圆品种入手，这样即使自己不幸卖到假币，亦损失不大，权当买个教训，积累经验。当然，如果自己已有极深厚的银圆鉴定经验，加之经济条件允许，亦可以投资珍稀类银圆品种。因为，根据对目前钱币交易市场分析预测，总体上来讲，宣统三年大清银币壹圆银圆无论是珍稀类品种还是普通类品种，都有很大的上涨空间。

5. 十大最具投资收藏价值的普品银圆

中国近代机制币浩瀚如海，其中不乏珍稀银圆，可谓明星荟萃，熠熠生辉，而与此相比，巨量存世的普品银圆则黯然失色许多。所谓普品银圆，是相对于珍稀银圆而言的，主要指目前存世量巨大、清代至民国期间正式大量发行流通的标准国币及个别普通地方币之类的银圆。

从市场价值来看，显然，珍稀银圆与普品银圆相比，价差悬殊。但是，通过认真仔细地梳理和过滤，从巨量普品银圆中亦可发掘出极具投资收藏价值的品种。为此，根据这些普品银圆 2019 年与 2018 年的成交价格与成交价增长率，并结合普品银圆的存世量、货币史地位、精美度等因素综合研究评估，筛选出比较真实可靠的十大最具投资收藏价值的普品银圆。具体评析如下：

（1）江南省造光绪元宝戊戌库平七钱二分

江南省造光绪元宝戊戌库平七钱二分银圆于光绪二十四年（1898年，戊戌年），由江南铸造银圆制钱总局铸制并正式发行流通的普品银圆。戊戌年是干支纪年，自那一年开始，该局陆续按干支纪年铸制发行了江南省造光绪元宝系列银圆，包括戊戌、己亥、庚子、辛丑、壬寅、癸卯、甲辰、乙巳8种版别银圆。

评析：

①货币史地位："江南省造"是中国货币史上唯一标注有名无实的省份银圆。该币为戊戌年开始铸制发行的第一种干支纪年银圆。

②存世量：该币相对于其他普品和江南省造系列银圆比较稀少。

③精美度：该币背面龙图设计极富神韵，有著名的凸眼龙版和珍珠龙版。

④市场价格增值率：2018年，该币每枚为1800元左右，而2019年竟升值至15000元左右，其市场价格增值率达到了733%左右，涨幅惊人。

（2）袁世凯民国八年背嘉禾壹圆

袁世凯民国八年背嘉禾壹圆银圆于民国九年（1920）由刚开工的安庆造币厂铸制发行，总计121万枚，杭州造币厂亦有少量铸制。

评析：

①存世量：相对于袁世凯银圆（即"袁大头"）各类版别总数超10亿枚的巨量来说，该币特别稀少。其原因是，《国币条例》公布时，虽然对银圆的重量、成色有明确的要求，但并没有任何需要更改纪年的规定。为整理币制，当时造币总厂经北洋政府总统徐世昌批准后，规定所铸银圆每年须"颁发模型一次，注明民国某年字样"，把"袁大头"银圆纪年变更为"中

华民国八年造"。但由于制币钢模所使用钢料的重要供应地——欧洲正陷于一战，材料供应受到了影响。总厂仅铸制了少量的袁世凯民国八年背嘉禾壹圆银圆时已到了年底，故马上又改刻九年版的币模。此即该币铸制的历史背景及稀少原因。

②市场价格增值率：2018年，该币市场价格为每枚600元左右，2019年则为每枚2100元左右，其市场价格增值率达到了250%左右，涨幅极大。

（3）孙中山民国二十二年船洋

孙中山民国二十二年船洋银圆是在"废两改元"的历史背景下，在原民国二十一年孙像"三鸟币"币模基础上改刻，并于民国二十二年（1933）五月由中央造币厂正式铸制发行的国民政府孙像船帆国币。

评析：

①存世量：该币共铸制发行了4640万枚，相对于其后来发行9878万枚的民国二十三年孙像船洋国币，其数量整整少了一半多。

②精美度：该币制作精美、整齐划一，生产标准极高。因重量与成色必须精准才能确保"废两改元"最终成功，故每一枚银圆压印后均经称重、检视外观以及听音等环节，剔除次品，而次品淘汰率约为15%。

③市场价格增值率：2018年，该币市场价格为每枚520元左右，而2019年则为每枚1800元左右，市场价格增值率达到246%，涨幅较大。

（4）二十六年北洋造光绪元宝库平七钱二分

二十六年北洋造光绪元宝库平七钱二分银圆于光绪二十六年（1900）由北洋机器局铸制发行。

评析：

①存世量：该年5月底，八国联军入侵，北洋机器局在战火中被摧毁，该币就此停产，故存世量相对于其他年份的北洋造银圆系列少。

②市场价格增值率：2018年，该币市场价格为每枚3000元左右，而2019年则为每枚10000元以上，其市场价格增值率达到了233%左右，涨幅可喜。

（5）造币总厂光绪元宝库平七钱二分

造币总厂光绪元宝库平七钱二分银圆为光绪三十四年（1908）由度支部造币总厂铸制发行。

评析：

①货币史地位：该币为光绪朝正式发行的唯一中央造国币。

②存世量：该币共计铸制发行了258万枚左右，铸制发行量不多。

③市场价格增值率：2018年，该币市场价格为每枚1800元左右，2019年则为每枚5500元左右，其市场价格增值率达到了206%左右，涨速较快。

（6）大清银币曲须龙壹圆

大清银币曲须龙壹圆银圆于宣统三年（1911）由天津造币厂铸制并正式发行。宣统三年（1911），天津造币总厂根据《币制则例》的规定，聘请经验丰富的意大利雕刻师乔治和中国雕刻师余子贞团队精心设计了宣统三年大清银币系列候选国币，计有长须龙、短须龙、反龙、大尾龙、曲须龙（含签字版）等多种版式，并通过西方式"比稿""选稿"的方式，最终确定曲须龙为标准大清国币，于同年开始铸制并在全国范围正式大量发行流通。

评析：

①货币史地位：该币为中国封建王朝的"关门币"。其原因是国币铸制发行之时，适逢武昌起义，最后清王朝在辛亥革命的浪潮中被彻底推翻，该币就此夭折。

②精美度：细腻精湛的细节表现、相当精美的"瘦体字"和不失威严霸气的龙图案。

③市场价格增值率：2018年，该币市场价格为每枚1500元左右，2019年则为每枚4000元左右，其市场价格增值率达到了167%左右，涨势诱人。

（7）广东省造光绪元宝库平七钱二分

广东省造光绪元宝库平七钱二分银圆是光绪十六年四月（1890年5月）由广东钱局铸制并正式发行的大清国币。广东钱局因"广东七三反版"试铸银圆流通受阻，先是在原币模上改刻成"广东七二反版"，因清廷把英文置于币面颇为不满，责令重新设计，于是就把"广东省造库平七钱二分"十个汉字改列币正面，并于该年经清廷批准后，正式铸制发行了广东省造光绪元宝系列银圆标准国币，其中包括广东省造光绪元宝库平七钱二分银圆。

评析：

①货币史地位：该币为中国第一套仿西式机制币银圆系列之一，在中国货币发展史上留下了浓墨重彩的一笔，具有划时代的深远历史意义。

②市场价格增值率：2018年，该币市场价格为每枚1200元左右，2019年则为每枚2800元左右，其市场价格增值率达到了133%左右，涨势喜人。

（8）湖北省造宣统元宝库平七钱二分

湖北省造宣统元宝库平七钱二分银圆是宣统二年（1910）由湖北银圆局铸制发行流通的省际银圆。光绪帝驾崩后，溥仪继位，改年号为宣统。宣统二年，湖北银圆局在原湖北省造光绪元宝系列银圆币模基础上，奉命改铸为宣统元宝系列银圆，其中包括湖北省造宣统元宝库平七钱二分银圆。

评析：

①存世量：据当时海关资料统计，湖北省造光绪和宣统的库平七钱二分银圆总计铸制发行了 2600 万枚，其中湖北省造宣统元宝库平七钱二分银圆为 500 万枚，其数量明显少于湖北省造光绪元宝库平七钱二分银圆。

②市场价格增值率：2018 年，该币市场价格为每枚 1200 元左右，2019年则为每枚 2800 元左右，其市场价格增值率达到了 133% 左右，涨势可喜。

（9）云南省造宣统元宝库平七钱二分

云南省造宣统元宝库平七钱二分银圆于宣统元年（1909），由度支部云南造币分厂铸制发行。

评析：

①存世量：该币存世量相对于其他云南省造银圆较为稀少。其原因是宣统二年（1910）四月十五日，清政府为统一铸币权，颁布《币制则例》，撤销各省所设的铸币厂，把汉口、广州、成都、云南四处的铸币厂改为分厂，统归天津总厂管理，并要求将原有大小祖模一律销毁。为解燃眉之急，云南造币分厂即在原有的此币币模上加刻"庚戌春季"四字，铸制了后来成为"银币十大珍"之一的"庚戌春季云南造宣统元宝库平七钱二分"银圆大名誉品，继续流通，完成后立即对云南省造宣统元宝库平七钱二分银圆

币模予以销毁，导致该币仅短短流通了一年多后就夭折了。

②市场价格增值率：2018 年，该币市场价格为每枚 3000 元左右，2019 年，则为每枚 6500 元左右，其市场价格增值率达到了 117% 左右，涨势良好。

（10）孙中山开国纪念币（下五角星版）

孙中山开国纪念币（下五角星版）于 1912 年中华民国政府成立后，鉴于当时乱局，由财政总长陈锦涛提议并经临时大总统孙中山先生批准，由南京造币厂铸制发行。

评析：

①存世量：产量不详，存世不多。

②精美度：该币钢模为雕刻师何子梁所作，尤其该币的铭文"中华民国"四字中的"民"字有出头，与一般不同，象征推翻帝制，人民出头天，设计独特，尤为精美。

③市场价格增值率：2018 年，该币市场价格约为每枚 5000 元，2019 年则为每枚 8000 元左右，其市场价格增值率达到了 60% 左右，涨势明显。

6. 从"两"到"圆"——近代机制币银圆计值币制改革揭秘

清朝以来，银圆面值常常以两、钱、分、厘、毫来标注。近代机制币银圆"两"式计值币制实际上始于吉林机器局于光绪十年（1884）铸制的"厂平一两"，而到了光绪十五年（1889），两广总督张之洞在广东铸制库平七钱二分银圆以来，各省纷纷效尤，尤以"大清银币湖北省造壹两"（该币是我国近代机制币唯一流通的"两"式计值币制银圆）表现最为夺目，更是把"两"式计值币制银圆铸制推向了高潮。其间又发生了币制改革与守旧传统之间的"圆两之争",此情势直至宣统二年(1910)四月,清政府颁布《币制则例》,才告终结。铸币权明确统一收归中央,清政府规定了以"圆"为银圆计值货币单位,以及标准银圆的样式、分量和成色,并于宣统三年(1911)正式铸行了大清银币宣统三年壹圆(即俗称"曲须龙"银圆)新国币。

从"两"到"圆",近代机制币银圆的计值币制改革原因如下:第一,实行"两"式计值币制,直接严重影响清朝的金融秩序稳定。两广总督张之洞在广东自行铸制银圆成功,各省纷纷效尤,尤其1894年中日甲午战争后,战争的开销和赔款使各省自铸银圆达到了顶峰,而清廷也睁一只眼闭一只眼,放任不管。但是各省各行其是,所铸制银圆成色重量不一,币制亦存在差异,并由此造成了各省之间相互抵制外省银圆,使得交易流通反而不畅,从而直接严重地影响到清朝金融秩序的稳定。第二,实行"两"式计值币制,不利于清中央集权的统治和巩固。当时,除中国以外,其他国家造币权归君王或中央政府所有,货币的形式、品质、重量等均依据法令,其权必归中央,而非中央集权管理下的货币体系,也必会滋生出很大的困扰。所以各省自铸银圆,币制混乱,一直冲击着清中央集权的统治和巩固地位,非常危险。第三,实行"两"式计值币制,亦不便于商民使用、商品流通和国际贸易。"两"式计值币制下的银圆,流通要进行折算,给商民使用、商品流通及国际贸易带来非常大的不便,而且当时"库平七钱二分"式银圆和同等重量、成色及尺寸的外国银洋正大行其道,非常便于流通和交易,故大受欢迎,且已经成为习惯。

如何解决上述三个方面问题,一直是清朝统治者的心病,其间发生了银圆计值币制的"圆两之争",即以光绪帝为首主张以"圆"为计值货币单位的改革派——"帝党"和以慈禧太后为首主张以"两"为计值货币单位的守旧派——"后党"之"圆两之争"。直至宣统二年（1910）四月，清政府颁布《币制则例》，才终结了银圆的"圆两之争"，确定了以"圆"为计值货币单位，最终统一了清朝的币制。

《币制则例》的颁布，既稳定了当时的金融秩序，将铸币权明确统一收归中央，又与外国银洋流通接轨，且便于商民使用、商品流通和国际贸易。所以宣统三年（1911）清政府正式铸行了大清银币宣统三年壹圆（即俗称"曲须龙"银币）新国币。